Dietmar Röttger

Es geht auch anders

Dietmar Röttger

Es geht auch anders!

Inspirationen aus der Kirche in Frankreich und den USA

BONIFATIUS

Bibliografische Information der Deutschen Nationalbibliothek
Die Deutsche Nationalbibliothek verzeichnet diese Publikation in der Deutschen Nationalbibliografie; detaillierte bibliografische Daten sind im Internet über http://dnb.ddb.de abrufbar.

FSC®
www.fsc.org
MIX
Papier aus verantwortungsvollen Quellen
FSC® C011558

ClimatePartner
klimaneutral gedruckt
Die CO_2-Emissionen dieses Produkts wurden durch CO_2-Emissionszertifikate ausgeglichen.
Zertifikatsnummer:
53323-1802-1013
www.climatepartner.com

Titelgrafik: Karin Cordes
Umschlaggestaltung: Björn Blyscz

Glasfenster aus St. Michael, Arnsberg-Neheim von Jupp Gesing,
Foto: Beate Witez

ISNB 978-3-89710-764-9

Gesamtherstellung:
Bonifatius GmbH Druck · Buch · Verlag Paderborn

Inhalt

„Der Herr sprach zu Mose: Schick einige Männer aus, die das Land Kanaan erkunden, das ich den Israeliten geben will. ... Da schickte Mose von der Wüste Paran die Männer aus, wie es der Herr befohlen hatte“ (Num 13,1-2)

Vorwort

Die alte Erzählung von den Kundschaftern im Buch Numeri ist das Leitbild eines Pilotprojektes im Rahmen des „Zukunftsbildes für das Erzbistum Paderborn". Ich wurde nach Abschluss meiner Tätigkeit als Pfarrer in St. Petri, Hüsten, von Erzbischof Hans-Josef Becker für sieben Monate in die USA und für knapp drei Monate nach Frankreich geschickt, um als Kundschafter die Art und Weise des kirchlichen Lebens in den Ortskirchen von Chicago und Poitiers zu entdecken.

„Durch unsere Kundschafter wollen wir Erfahrungen und Impulse aus anderen Ortskirchen in unseren pastoralen Prozess im Erzbistum Paderborn einspeisen und jenes, was anderswo gelingt und segensreich ist, auch für uns nutzbar und fruchtbar machen. Es geht darum, hilfreiche Ideen und Wege in die Zukunft an anderen kirchlichen Orten zu entdecken, sie kennenzulernen und tatsächlich auch zu erleben." So hat es Monsignore Andreas Kurte, der Leiter der Zentralabteilung Pastorales Personal im Erzbischöflichen Generalvikariat Paderborn, formuliert.

Das vorliegende Buch trägt, ähnlich wie die Kundschafter der Bibel, einige Früchte dieser Zeit zusammen. Als solche bezeichne ich Eindrücke, die mich überrascht haben, die mich aufhorchen ließen, die mir gezeigt haben, dass Leben als Christ in der katholischen Kirche auch anders geht als in der heimischen Situation.

Die Erfahrung des Anderen habe ich als sehr bereichernd erlebt. Zum einen weil ich selbst gute Anregungen für mein Engagement in der Kirche bekommen habe; zum anderen, weil ich auch Schattenseiten in den anderen Ländern erlebt habe und so die Stärken der Kirche in Deutschland mit neuen Augen sehen und wertschätzen kann. In jedem Fall habe ich eine große Freude daran gewonnen, wie vielfältig Menschen versuchen, Jesus

Christus und seinem Evangelium in ihrem Leben einen Platz zu geben. Bei vielen, häufig sehr angestrengt geführten pastoralen Diskussionen schenkt dieses Erleben auch ein Stück Gelassenheit, dass Glauben leben immer auch anders geht und der Geist Gottes in überraschenden Weisen in den Herzen der Menschen wirkt. In diesem Sinn ist der Titel des Buches „Es geht auch anders!" in erster Linie ein Staunen über die vielfältigen Möglichkeiten, die Gott den Menschen schenkt, ihren Glauben mit der Kirche zu leben.

Das vorliegende Buch will keine wissenschaftliche, pastoraltheologische Abhandlung sein. Es will durch das Erzählen von Erlebnissen in den anderen kirchlichen Wirklichkeiten der USA und Frankreichs Inspirationen (keine Rezepte!) für Menschen geben, die in unseren Gemeinden engagiert sind. Diese Inspirationen ermöglichen neue Sichtweisen, möchten zum Gespräch anregen und dazu ermutigen, Dinge in unserer kirchlichen Situation auszuprobieren, die auf anderem pastoralen Acker schon Frucht gebracht haben. In diesem Sinn wünsche ich viel Freude beim Lesen.

Dietmar Röttger

Zwischen USA und Frankreich

Welche Länder sollte ich erkunden? Diese Frage stand am Anfang meines Projekts. In den gemeinsamen Überlegungen mit den Verantwortlichen im Erzbistum Paderborn einigten wir uns auf die USA und Frankreich. Ein Gedanke war dabei, die kirchliche Situation in westlichen Gesellschaften anzuschauen, damit Erfahrungen leichter nach Deutschland übertragbar sein könnten. Ein richtiges Maß an Verschiedenheit und kultureller Nähe schien bei diesen beiden Ländern gegeben. Zudem war ich in beiden Ländern in der Lage, mich sprachlich zurechtzufinden.

In Bezug auf die USA konnten dabei die langjährigen Verbindungen der Ruhr-Universität Bochum nach Chicago genutzt werden. Seit mehr als zehn Jahren pflegt die theologische Fakultät im Projekt „CrossingOver" den Austausch von Studenten und pastoralen Mitarbeitern mit der Loyola University in Chicago. Diese Kontakte konnten genutzt werden, eine geeignete Pfarrei zu finden, in der ich mehrere Monate mitleben konnte.

In Frankreich hat in den vergangenen Jahren das Erzbistum Poitiers mit seinen Diözesansynoden zur Entwicklung der Gemeinden überregional von sich reden gemacht. Eine besondere Neuigkeit war hier, dass mit bischöflichem Segen ehrenamtlichen Laien in einer Gruppe pastorale Leitungsverantwortung für Ortsgemeinden übertragen wurde. Hier war es vor dem Hintergrund der strukturellen Veränderungen in der Ordnung der Pfarreien in deutschen Diözesen für mich spannend, zu erleben, welche guten und weniger guten Erfahrungen hiermit gemacht werden.

Bevor ich anfange, von den Erlebnissen zu erzählen und die Themen zu entfalten, möchte ich die beiden Pfarreien kurz vorstellen, in denen ich zu Gast sein konnte. Es ist sicher hilfreich für das Verständnis der Berichte, einen Eindruck von den äußeren Rahmenbedingungen zu bekommen.

Chicago – Church in the City!

Wer schon immer einmal eine amerikanische Metropole kennenlernen wollte, ist in Chicago sicher gut aufgehoben. Mit 2,7 Millionen Einwohnern in der Stadt und über 9 Millionen Einwohnern im Großraum ist Chicago die drittgrößte Stadt der USA. Sie liegt am Ufer des Lake Michigan und hat eine imposante Skyline. Chicago ist geprägt von Menschen aller Rassen und Kulturen, von unzähligen Universitäten, von großen sozialen Unterschieden und auch von vielen Touristen. Die Stadt ist sehr jung, da sie nach einem großen Stadtbrand 1871 völlig neu aufgebaut wurde. So entstehen immer noch neue Wohnviertel und auch Wolkenkratzer. Kirchlich gesehen ist Chicago ein wichtiges Zentrum. Das Erzbistum mit Kardinal Blase J. Cupich an der Spitze hat eine bedeutsame Stimme in der amerikanischen Öffentlichkeit.

Trotz oder vielleicht wegen des Ausmaßes der Stadt spielen die Nachbarschaften eine große Rolle. Was in Paris das Quartier oder in Berlin der Kiez ist, nennt sich in Chicago „Neighborhood", meist ein Gebiet von mehreren Blocks im schachbrettmusterartigen Stadtplan. Diese Neighborhood hat eine starke Identität, oft auch in ihrer kulturellen und sozialen Prägung. Das heißt, hier wohnen nicht selten Menschen mit den gleichen ethnischen Wurzeln zusammen. Natürlich gibt es wohlhabende und sozial schwache Neighborhoods, was man schon an den Häusern sehr schnell erkennt. Außerdem stellt der Block dieses Viertels oft den Bereich einer oder mehrerer katholischer Pfarreien dar.

Meine Erfahrungen in Chicago waren durch die Zweiteilung meines Aufenthaltes sehr unterschiedlich. Von August bis Ende November 2016 habe ich an einem Sabbatical Programm der Katholischen Ordenshochschule CTU (Catholic Theological Union) teilgenommen. Die CTU befindet sich auf der South Side von Chicago, also im mehrheitlich afroamerikanisch geprägten Teil Chicagos. Im Kreis einer internationalen Gruppe von Priestern und Ordensleuten habe ich vor allem Vorlesungen zu aktuellen Entwicklungen aus dem gesamten theologischen und spirituellen Spektrum gehört. Da an den Wochenenden kein festes Programm war, konnte ich jeden Sonntag in verschiedenen Pfarreien Chicagos den Gottesdienst mitfeiern und habe somit ein sehr breites Spektrum an Liturgie-Stilen und Gemeindesituationen, auch überkonfessionell, erlebt.
Von Anfang Dezember 2016 bis Ende März 2017 konnte ich dann in einer konkreten Kirchengemeinde mitleben. Dabei war ich in der Pfarrei St. Benedict auf der North Side Chicagos zu Gast. Die Pfarrei umfasste mit ihrem Gebiet die Neighborhoods Irving Park und North Center mit einer hauptsächlich weißen, wohlhabenden Bevölkerung. Zudem hatte sie eine Geschichte als Ort für deutsche Einwanderer Ende des 19. und Anfang des 20. Jahrhunderts. Relikte davon merkte man daran, dass es in der Gemeinde immer noch einige deutsche Namen gab. Auch kam es vor, dass Familien versuchten, mich auf Deutsch anzusprechen, weil sie dank deutscher Wurzeln ein paar Brocken unserer Sprache beherrschten. Die Kirche konnte in meiner Zeit dort ihren 100. Geburtstag feiern, was für amerikanische Verhältnisse schon uralt ist. Die pastorale Situation entsprach ein wenig der deutschen Situation in den 80er- und 90er-Jahren: eine Kirche, ein Pastoralteam und viele Gruppen rund um diesen Kirchturm. Am Wochenende wurden in dieser einen Kirche sechs Sonntagsgottesdienste gefeiert, die auch fast

alle sehr gut besucht waren. Auffallend für mich war der hohe Anteil an Familien und jungen Erwachsenen.
Eine Besonderheit war die große Bedeutung der zur Pfarrei gehörigen Schule. Hier wurden 960 Kinder vom Kindergartenalter bis zum High-School-Abschluss ausgebildet. Ich selbst habe mit im Pfarrhaus gewohnt, in dem die Priester der Pfarrei, Father Jason Malave als Pfarrer und Vikar Father Robert Pajor zusammen lebten. Zum Pastoralteam gehörten noch eine Pastoralassistentin, eine Ordensschwester, ein Kirchenmusiker, eine Jugendreferentin und ein Beauftragter für die Katechese sowie ein ständiger Diakon und der Kontakt-Lehrer der Schule.
Wer mehr erfahren will, kann sich auf der Homepage der Pfarrei St. Benedict (www.stbenedict.com), des Erzbistums Chicago (www.archchicago.org) oder auch der CTU (http://www.ctu.edu) informieren.
Durch diese beiden sehr unterschiedlichen Hälften meines Aufenthalts in den USA war es mir möglich, ein sehr breites Spektrum an Erfahrungen zu sammeln.

Poitiers – Gott lebt in Frankreich!

Als ich Anfang April 2017 nach Frankreich wechselte, konnte der Kontrast gar nicht größer sein. Das Erzbistum Poitiers, im Westen Frankreichs auf halber Strecke zwischen Tours und Bordeaux gelegen, ist ein echtes Landbistum. Neben Poitiers selbst mit ca. 90.000 Einwohnern gibt es noch zwei andere mittlere Städte. Ansonsten prägen weite Landschaften mit vielen Dörfern das Gebiet in den beiden Departements Vienne und Deux-Sèvres. Meine Gastpfarrei war diesmal nicht in der Stadt, sondern auf dem Land. Die Pfarrei St-Jacques-en-Gâtine erstreckt sich um die Kleinstadt Parthenay auf einem Territorium von 45 km Ausdehnung von Ost nach West

und 35 km von Nord nach Süd. Dazu gehören 55 Kommunen mit insgesamt ungefähr 45.000 Einwohnern. Dementsprechend hat die Pfarrei 55 Kirchen und zählt damit zu den geographisch größten Pfarreien im Erzbistum Poitiers.
Die Pfarrei wurde erst 2014 gegründet im Zuge der Neuordnung des Bistums, bei der das gesamte diözesane Territorium in 28 neue Pfarreien gegliedert wurde. Diese Neugründung von Pfarreien war der letzte Schritt eines fast 20-jährigen Prozesses der diözesanen Entwicklung. Vor dieser administrativen Neuordnung waren sogenannte „Communautés locales", also Ortsgemeinschaften ins Leben gerufen worden, die auch heute noch die Basis der großen Pfarreien darstellen.
Einen Kontrast zu Chicago stellte auch das Verhältnis von Priestern zur Pfarreigröße bzw. Anzahl der Kirchtürme dar. Das Pastoralteam in Parthenay bestand aus Père Gérard Mouchard als Pfarrer, zwei weiteren Priestern, sowie drei angestellten Laienmitarbeitern für Katechese, Krankenhausseelsorge und Jugendarbeit. Für mich war es eine Besonderheit, dass zudem zwei ehrenamtliche Laien aus den Gemeinden zur Mitarbeit im Pastoralteam berufen waren. Auch die Alterssituation war sehr verschieden. War ich in Chicago mit meinen 50 Jahren der Älteste der Priester, durfte ich mich in Parthenay mit 16 Jahren Abstand noch einmal als Jüngster im Bunde erleben. Insgesamt habe ich die französische pastorale Situation der deutschen bedeutend ähnlicher erlebt als die amerikanische. Dementsprechend sind auch die Inspirationen deutlich anders.
Meine Zeit in Frankreich begann mit dem Palmsonntag und endete mit Pfingsten, so dass ich den gesamten Osterfestkreis miterleben konnte. Wurde mir in Chicago hauptsächlich die Rolle des Hospitanten und Beobachter zuteil, war der Bedarf in Parthenay nach einem zusätzlichen Priester so hoch, dass ich dort fest in die priesterli-

chen Dienste mit eingebunden wurde. Auch hier empfehle ich für intensiver Interessierte die Seiten von Diözese und Pfarrei im Internet.
Pfarrei: www.poitiers.catholique.fr/les-paroisses/paroisse-saint-jacques-en-gatine
Diözese: www.poitiers.catholique.fr

Geschichten, die das Leben schreibt

Nach diesen Vorbemerkungen zu den Örtlichkeiten will ich jetzt die Geschichten meiner Erlebnisse erzählen. Ich möchte Sie als Leserinnen und Leser mitnehmen auf die Kundschafter-Reise. So können Sie mit mir konkrete Begebenheiten erleben, sich mit mir überraschen lassen und Themen des Lebens im Glauben mit der Kirche entdecken. Damit die erzählten Erlebnisse nicht zu sehr verschwimmen, habe ich den einzelnen Kapiteln eine immer wiederkehrende Struktur in vier Teilen gegeben, kenntlich gemacht durch vier Icons: zwei Erlebnisse (Kamera), der AHA-Effekt (Gesicht),

die Erschließung eines darin enthaltenen Themas (Glühbirne) und schließlich eine kurze Quintessenz mit der wichtigsten Inspiration, die für mich (be)merkenswert ist (Rufzeichen).
Diese Einschätzungen können immer nur subjektiv sein, aber ich glaube, vor dem Hintergrund meines langjährigen Wirkens als Pfarrer, spiegeln die Themen durchaus Fragen wieder, die in den Gemeinden des deutschen Kulturkreises aktuell auf der Tagesordnung sind.
Die Kapitel bauen nicht stringent aufeinander auf. Jeder kann also mit dem Thema anfangen, das ihn am meisten neugierig macht. Ich habe mich bemüht, das Erlebte auch mit einem gewissen Augenzwinkern zu erzählen, nicht, weil die Inhalte nur leichte Kost wären, sondern weil auch beim Lesen der Spaß des Entdeckers geteilt werden soll. So wünsche ich viel Freude mit den Geschichten, die das Leben in Chicago und Parthenay geschrieben hat.

All are welcome!

Was ein Parkplatz über innere Haltungen einer Gemeinde erzählt

Es gibt ein Kirchenlied in den amerikanischen Gesangbüchern, das gerne zu Beginn der Gottesdienste gesungen wurde. Da heißt es im Refrain: „All are welcome, all are welcome, all are welcome in this place." (Alle sind willkommen an diesem Ort). Es wird mit seiner eingängigen Melodie kräftig mitgesungen. In fast allen Begegnungen in den Kirchengemeinden habe ich gespürt, dass dies nicht nur ein einfacher Lied-Kehrvers ist, sondern, dass es ein intensives Bemühen gibt, dieses Willkommen für alle wirklich als Grundhaltung einer Gemeinde zu leben. An zwei Begebenheiten möchte ich das deutlich machen.

Einen Sonntag war ich zusammen mit Father Rich und Sister Mercy aus dem Sabbatical Kurs zum Gottesdienst in der Pfarrei St. Benedict the African. Es war eine afro-amerikanisch geprägte Gemeinde im Süden Chicagos mit einer recht modernen Rundbaukirche. An der Tür wurden wir schon von einem Helfer der Pfarrei – kenntlich durch ein Namensschild – begrüßt, es wurde uns ein Gesangbuch in die Hand gegeben und der Weg in den Kirchenraum gezeigt. Kurz vor Beginn der Messe ging die Kantorin ans Mikrofon und begrüßte alle Versammelten. Dann forderte sie diejenigen, die neu in der Gemeinde waren, auf, sich kurz vorzustellen. Dazu gehörten wir. Father Rich und ich waren aufgrund der weißen Hautfarbe sofort als Neulinge zu erkennen, (Sister Mercy ist Afrikanerin aus Nigeria), also bekamen wir drei das Mikrofon und sagten ein paar Worte über uns. Alle drehten sich in unsere Richtung, hörten zu und wir wurden mit Applaus aus der Gemeinde begrüßt. Beim Friedensgruß, der fast fünf Minuten dauerte, war man sich schon bekannt und viele kamen auf uns zu, um uns „Peace with you“ zu wünschen. Oft kam noch der Zusatz „It's so nice, that you are here.“ Es ist klasse, das ihr hier seid. Am Ende des Gottesdienstes hatten wir das Gefühl, Teil einer echten Gemeinschaft gewesen zu sein, auch wenn wir vorher keinen kannten und auch nicht wieder hierher zurückkommen würden. Die Verabschiedung per Handschlag durch den Priester am Ausgang der Kirche unterstrich dieses Gefühl noch.

Das zweite Erlebnis hat sich nicht in Chicago ereignet, sondern in Concord im Bundesstaat New Hampshire. Ich hatte die Gelegenheit, die Pfarrei zu besuchen, in der der eben schon erwähnte Father Rich als Pfarrer arbeitete. Das besondere hier war, dass Father Rich in den letzten Jahren, ähnlich wie in Deutschland, einen Fusionsprozess von drei Pfarreien zur neuen Pfarrei Christ-the-King durchführen musste. Da dies meiner bisherigen Tätigkeit im Erzbistum Paderborn sehr ähnlich war, interessierte es mich besonders, seine Situation kennenzulernen. An dieser Stelle möchte ich nur einen Punkt herausgreifen, der für mich zum Sinnbild der Willkommensfrage geworden ist. In der langen Diskussion, welche der drei Kirchen in Zukunft die Pfarrkirche sein würde und welche beiden Kirchen man verkaufen sollte, hat am Schluss ein besonderes Kriterium den Ausschlag gegeben: Nicht die schönste Kirche wurde gewählt, nicht einmal die mit dem größten Kirchenraum, sondern die Kirche mit dem größten Parkplatz! Ich glaube, ich selbst hätte eher nach architektonischen und liturgischen Kriterien eine andere Kirche gewählt, aber die Erklärung war recht einfach. Da in den USA auch kleine Wege fast immer mit dem Auto zurückgelegt werden, kommen die Menschen nicht zum Gottesdienst, wenn sie ihr Auto nicht abstellen können. Wenn die Gemeinde also möchte, dass Menschen am kirchlichen Leben teilnehmen und zum Gottesdienst kommen, dann muss sie Parkraum anbieten. Der Parkplatz wurde zum Zeichen einer Kultur, die Willkommen signalisiert und keine zusätzlichen Hürden aufbaut, in Kontakt mit der Gemeinde zu kommen.

Dieses auffallend starke Bemühen von Menschen, dass ich als Kirchenbesucher mich zurecht finde und wohlfühle, ist mir in den Gemeinden in Deutschland und auch in Frankreich nicht begegnet. Die Haltung „Was kann ich tun, damit es dir gut geht" fällt in den USA auch im säkularen Kontext immer wieder auf und findet in christlichen Gemeinden wohltuenden Widerhall.

Ist diese Offenheit anderen Menschen gegenüber nur eine Mentalitätsfrage oder steckt mehr dahinter? Es ist sicher so, dass die eher extrovertierte amerikanische Art Kontakte erleichtert. Auch die Tatsache, dass das Englische keine Unterscheidung von „Du" und „Sie" in der Anrede kennt und man sich, zumindest in den USA, sofort beim Vornamen anredet, schafft schnell eine persönliche Atmosphäre. Es wäre aber zu kurz gegriffen, diese Willkommenskultur auf Mentalität und Sprache zu reduzieren und damit für uns ad acta zu legen, eventuell noch mit der Bemerkung, dass das doch sehr oberflächlich sei.
Dass es den Kirchengemeinden so wichtig ist, alle willkommen zu heißen, hat für mich zwei Gründe: Zum einen ist die katholische Kirche in den USA ein religiöser Anbieter unter vielen. Wer das wissen will, was das heißt, muss

nur an einem der langen Boulevards der Stadt entlanggehen. Dort gibt es manchmal acht verschiedene Kirchen und eine davon ist katholisch, die anderen sind protestantische Gemeinden der verschiedenen Richtungen. Die einzelne Gemeinde will also werbend auftreten, damit die Menschen zu ihr und nicht zu den anderen kommen. Da die konfessionelle Bindung der Menschen meist nicht so stark ist, hat diese Werbung auch Wirkung. Außerdem gibt es keine feste Zuordnung der Katholiken zur Pfarrei ihres Territoriums, sondern jeder lässt sich frei in einer bestimmten Kirchengemeinde registrieren, die nicht seine Wohnort-Pfarrei sein muss. Auch die katholischen Pfarreien stehen also in einer gewissen Konkurrenz zueinander. Die katholischen Christen überlegen genau, in welcher Pfarrei sie sich einschreiben, sich engagieren und diese auch finanziell unterstützen. Eine Atmosphäre des werbenden Willkommens ist ein wichtiger Schritt für den ersten Kontakt. Das Bemühen um die Menschen ist dabei auch ein Zeichen von Lebendigkeit der Gemeinde.
Jenseits dieser strategischen, aus der kirchlichen Situation erwachsenen Gründe, habe ich aber eine tiefe geistliche Verwurzelung dieser Haltung des Willkommens entdeckt. Das Beispiel Jesu, sich furchtlos fremden und ausgegrenzten Menschen zuzuwenden, ist dabei maßgebend. Jesu ausgestreckte Hand, die Ausdruck der Liebe Gottes zu jedem Menschen ist, weist den Weg für eine Gemeinde, die seinen Namen trägt. In einem Leitartikel für die Pfarrnachrichten von St. Benedict „The Steward" hatte Father Jason das so ausgedrückt: „Für mich bedeutet furchtloses Willkommen, dass ich niemals zögere, andere kennenzulernen, willkommen zu heißen, zu grüßen, mit ihnen zu sprechen oder sie als Gemeindemitglieder zu ermutigen. Furchtloses Willkommen erlaubt mir, jedem ‚Hello' zu sagen, meine Hand auszustrecken und jeden anzusprechen, der in unsere Kirche kommt." Der biblische Bezug war hier das Gespräch Jesu mit der

Samariterin am Jakobsbrunnen. Die Erfahrung, willkommen zu sein, bringt etwas in Menschen in Bewegung und lässt sie Gottes Liebe und Anerkennung erfahren. Diese Überzeugung steht hinter der großen Bedeutung, die einer Kultur des Willkommens gegeben wird.
Wie sie konkret gelebt wird, ist dann sehr vielfältig. Menschen muss es möglich sein, leicht zur Kirche zu kommen. Deswegen ist die Frage des Parkplatzes so wichtig oder die der Barrierefreiheit. Auch die Selbstverständlichkeit von ausreichend Toiletten, die vom Kirchenraum aus zugänglich sind, fällt in diesen Bereich.
Menschen müssen vom Angebot der Kirche erfahren. Hier finden wir die Maßnahmen zur Öffentlichkeitsarbeit: kostenfreie Pfarrnachrichten, die persönlich an die Besucher verteilt werden, Außenwerbung an den Kirchen, aber auch die einladende Gestaltung einer Homepage. Menschen sollen freundliche Begegnungen beim Besuch der Kirche machen: deswegen sind in fast allen Kirchengemeinden Menschen am Eingang der Kirche, die begrüßen, das Gesangbuch austeilen und dabei durch Namensschilder oder besondere Textilien als Vertreter der Gemeinde erkennbar sind. Vor Beginn der Messfeier werden die Kirchenbesucher und besonders Gäste von Vertretern der Gemeinde über das Mikrophon begrüßt – manchmal, wie erzählt, mit persönlicher Vorstellung der Gäste. Menschen sollen sich leicht in der Liturgie zurechtfinden: Vielfach liegen in den Bänken laminierte Blätter mit dem liturgischen Ablauf der Messfeier und den Texten der Grundgebete aus. Somit können sowohl diejenigen sehr leicht die Liturgie aktiv mitfeiern, die die Gebete nicht auswendig können oder des Englischen nur begrenzt mächtig sind. Da Gloria und Credo fast immer mit dem kompletten Text gebetet werden, habe ich diese Faltblätter selbst sehr schätzen gelernt (in Frankreich habe ich sie dann schmerzlich vermisst). Familien mit kleineren Kindern haben ihren Ort in der Kirche, an dem

sie problemlos den Gottesdienst mitfeiern können. Die Priester stehen nach dem Gottesdienst an den Kirchentüren zum Verabschieden und zum kurzen Gespräch zur Verfügung.
Die vielen Maßnahmen zeigen, wie wichtig das Thema ist und wie einfach man manches umzusetzen kann. Wir alle wissen, dass es oft die kleinen Zeichen sind, die sprechen. Ich habe dieses Bemühen jedenfalls als sehr positiv erlebt und sehe hier ein großes Inspirationspotenzial für die Kultur in unseren deutschen Pfarrgemeinden.

Willkommen zu signalisieren, hat absolute Priorität für eine Kirchengemeinde. Es ist Ausdruck der Haltung Jesu, der sich nach allen Menschen ausgestreckt hat. Ziel ist, dass alle Gemeindemitglieder diese Haltung verinnerlichen. Die Perspektive eines fremden Kirchenbesuchers hilft, herauszufinden, welche Zeichen des Willkommens vor Ort gebraucht werden.

Kultur im Kult

Warum man schon am 4. Advent
Weihnachten feiern kann

„Der Mensch kann seinen Glauben nicht anders leben als durch seine Kultur." Dieser Satz stammt von Anthony Gittins, Professor für Theologie und Anthropologie an der CTU in Chicago. Was diese in einem Einwanderungsland, wie es die USA immer waren, heißt, konnte ich vielfältig erleben. Unter den Katholiken in Chicago spielen dabei besonders die als „Hispanics" bezeichneten Christen aus Südamerika eine Rolle, aber auch Philippinos und Polen sind bedeutende Gruppen. Chicago ist die größte polnische Stadt außerhalb Polens. Diese Tatsache hat nicht nur zur Folge, dass die Homepage der Erzdiözese Chicago dreisprachig ist (englisch, spanisch, polnisch). Sie findet sich auch in einer unermesslichen Buntheit der Glaubensformen in den Gemeinden wieder. Aus der Fülle der möglichen Beispiele möchte ich nur zwei exemplarische Geschichten erzählen.

An die Pfarrei St. Benedict war der Kateri-Center angebunden. Dieses Zentrum war überörtlicher Treffpunkt der Katholiken mit indianischen Wurzeln, der Native American Catholics. Die Native Americans sehen sich als ursprüngliche Amerikaner, die als einzige nicht eingewandert sind. Im Kateri-Center fand alle zwei Wochen ein Sonntagsgottesdienst statt, der von einem der Priester der Pfarrei zelebriert wurde. Zunächst war ich nur dabei, am Schluss habe ich einer solchen Messfeier selbst vorgestanden. Im Kirchenraum fanden sich viele christliche Darstellungen im indianischen Stil. Besonders die Verehrung der heiligen Kateri Tekakwitha (ich musste mehrfach üben, um den Namen flüssig auszusprechen) hatte einen wichtigen Ort. Diese Häuptlingstochter aus dem 17. Jahrhundert wurde als erste Native American 1980 durch Johannes Paul II. selig und 2012 durch Papst Benedikt XVI. heiliggesprochen. Die Liturgie dieser Messfeiern hatte einen besonderen Anfangsritus. Eine Frau aus der Gemeinde entzündete getrocknete Gräser in einer Schale. Mit einem „Gebet der vier Himmelsrichtungen“, das abschnittsweise mit Blick nach Osten, Süden, Westen und Norden gebetet wurde, pries die Gemeinde Gottes Schöpferkraft und drehte sich dabei immer in die genannte Richtung. Danach wurde jeder einzelne Besucher des Gottesdienstes mit dem Rauch der Gräser inzensiert: die Menschen als Teil der Schöpfung, die jetzt hier zur Eucharistiefeier versammelt waren. Die alte indianische Verbundenheit im Leben mit der Natur wurde so in die Liturgie eingebunden. Ich habe diesen Eröffnungsritus immer wieder als sehr kraftvoll erlebt.

Das zweite Erlebnis war für mich etwas fremder. Am Vorabend des vierten Advents wurde in St. Benedict „Simbang Gabi“ gefeiert. *Simbang Gabi* kommt aus der philippinischen Tradition und bezeichnet eine weihnachtliche Novene, die in den letzten neun Tagen des Advent die Geburt Jesu feiert bis zum Weihnachtsfest. Das heißt, faktisch wurde am vierten Advent schon einmal Weihnachten vorweg auf philippinisch gefeiert. Die ganze Kirche war voller Menschen aus den Philippinen. Es wurde in weißen Paramenten zelebriert, Weihnachtslieder gesungen, ein Evangelium von der Geburt Jesu verkündet. Weil mir das doch sehr befremdlich vorkam, erklärte mir jemand, dass die Philippinen sogar eine Sondergenehmigung der römischen Behörden für diese vorweihnachtliche Tradition haben.

Besonders faszinierend war eine Prozession zum Einzug mit vielen großen, bunten und blinkend leuchtenden Sternen. Während der ganzen Messe standen sie im Altarraum, man konnte gar nicht daran vorbeischauen. Nach der Messfeier gab es ein großes Abendessen mit Essen nach Philippino-Art in der Turnhalle der Schule. Fröhlich, bunt und lecker!

Gerade in der Liturgie haben mich Elemente, die mir fremd waren, aufhorchen lassen. Dabei habe ich festgestellt, dass ich es zunächst immer faszinierend fand, wie Menschen ihren Glauben in anderen Formen ausdrücken. Im zweiten Moment spürte ich manchmal, wie zum Beispiel beim *Simbang Gabi*, auch ein gewisses Unbehagen. Beim dritten Hinsehen ist es mir meist gelungen, den Wert der fremden Form zu entdecken, selbst wenn es nicht meiner eigenen Spiritualität entsprach.

Das Erleben einer so multi-kulturellen Gesellschaft wie den USA, in der sich zwar alle als Amerikaner fühlen, aber ihre ethnischen Wurzeln hochhalten, hat die wichtige Rolle der Kultur auch im Religiösen für mich neu erschlossen. Das eingangs angeführt Zitat „Der Mensch kann seinen Glauben nicht anders leben als durch seine Kultur" hat sich in vielen Wahrnehmungen bestätigt. Ich war wirklich erstaunt, dass die kulturellen Stile schon allein der katholischen Gottesdienste in einer einzigen Stadt so verschieden waren. Die Kirchengemeinden habe ich sogar als Orte der Pflege kultureller Identität erlebt. Da waren die afroamerikanischen Gemeinden mit ihrer Spiritualmusik und den dazu gehörigen Tanzelementen und die auf Spanisch gehaltenen Messfeiern mit Gitarrenbegleitung, starker Heiligenverehrung und sehr bunter Dekoration der Altäre. Am faszinierendsten fand ich zum Beispiel die Gestaltung des *St.-Jude-Shrine* an seinem Festtag mit Unmengen an Lichtern, Blumen und vor allem rosafarbenen, mit Helium gefüllten Ballons rund um die Figur des Apostels Judas Thaddäus, der hier groß verehrt wurde. Daneben die europäisch geprägten Gemeinden mit Orgel und Chormusik. Zweimal habe ich auch die heilige Messe der deutschsprachigen Gemeinde gefeiert. Dabei stellte ich allerdings fest, dass nur die Altersgruppe 70 plus deutsch sprechen und die Lieder aus der Schubertmesse singen konnte. Doch trotz des existierenden Nebeneinanders, ist es mehreren Pfarreien gelungen, die verschiedenen Kulturen zu verbinden. Hier konnte man schon optisch im Gottesdienst Menschen aller Hautfarben in der Gemeinde und auch den liturgischen Diensten wahrnehmen. Sie waren spürbar bestrebt, als Glaubensgemeinschaft die kulturellen Grenzen in Jesus Christus zu überschreiten. Die Identität als katholischer Christ wiegte hier schwerer als die ethnische Herkunft. Persönlich habe ich mich in den Gottesdiensten dieser Gemeinden am wohlsten gefühlt.

Im Blick auf die heimische Situation in Deutschland stellte sich mir die Frage, ob Integration immer bedeuten muss, eigene Gebräuche aus dem Herkunftsland völlig abzulegen und bis ins religiöse Empfinden deutsch zu werden. Das habe ich bisher selbst auch als erstrebenswert gesehen. Nach den Erfahrungen in den USA habe ich meine Zweifel, ob das geht und auch Sinn macht. Ist es nicht ein berechtigtes Anliegen, dass Menschen auch in unseren Kirchen und Gemeinden einzelne Orte haben, an denen sie in ihrer eigenen kulturellen Ausdrucksform beten und Gott verehren können? Was spricht gegen einen polnisch gestalteten Seitenaltar, wenn dadurch eine in der Gemeinde vorhandene polnische Gruppe in Glauben und Frömmigkeit gestärkt würde? Selbst wenn dadurch deutscher Purismus in Raumgestaltung durchbrochen würde. Wichtig ist wohl auch zu sehen, dass Kultur nicht nur eine Frage der ethnischen Herkunft ist. Auch Stadt und Land haben ihre eigenen Kulturen, die oft noch regional geprägt sind, denken wir nur an Traditionen wie Schützenfeste oder Karneval. Immer geht es darum, dass Kultur das eigene Denken und Empfinden prägt. Multi-kulturelles Leben ist anstrengend und nicht einfach. Wer aber, wenn nicht wir Christen, könnte ein Beispiel geben, dass der verbindende Grund tiefer ist und wir in Jesus Christus eine Gemeinschaft finden, die kulturelle Grenzen überwindet.

Die kulturelle Ausprägung der Menschen in einer Gemeinde ist ein wesentlicher Faktor für das Zusammenleben. Es ist wichtig, sie zu beachten und ihr einen Ort im Leben der Kirche und im Ausdruck ihres Glaubens zu geben. Frömmigkeitsformen und Glaubenstraditionen, die miteinander in den Dialog treten und sich gegenseitig gelten lassen, werden zu einer großen Bereicherung.

Praise the Lord!

Beten nur Freikirchen mit Leib und Seele?

Die Art des Betens drückt viel über die Mentalität und den Glauben von Menschen aus. Im Erleben von Gebetsformen, die anders sind als die eigenen, kann das persönliche und das gemeinschaftliche Gebetsleben bereichert werden. Zeigen sie doch wie Kommunikation mit Gott auch geht. Viele denken, wenn sie von amerikanischem Gebetsstil hören, schnell an die Bilder aus Kinofilmen, bei denen Menschen, die Arme hochrecken und schon fast in Trance laut beten. Oder es fällt einem das vor allem im politischen Bereich immer wieder gesagte „God bless America" ein. Beides ist für deutsches Empfinden eher abschreckend. Doch sich von amerikanischem Beten inspirieren zu lassen, heißt weit mehr als das. Auch hier wieder zwei Beispiele.

Probe des Kirchenchores St. Benedict am Mittwochabend. Gerne habe ich dort mitgesungen. Am Ende der Probe, bevor die Noten eingepackt werden, ruft der noch junge Chorleiter alle einen Moment zur Ruhe. Die Chorprobe soll mit einem Gebet abgeschlossen werden. Kurz fragt er in die Runde, ob es etwas Bestimmtes gibt, das mit ins Gebet genommen werden soll. Zwei Chormitglieder sind krank, eine davon schwer. Eine Sängerin sagt, ihr Mann habe diese Woche seinen Job verloren. Für ihn soll auch gebetet werden. Nach einem Moment der Besinnung betet der Chorleiter mit freien Worten, nimmt die Anliegen und einige Gedanken aus der Chorprobe mit ins Gebet hinein und schließt mit dem Segen für die Nacht. Alle bekräftigen mit „Amen" und gehen nach Hause.

Religiöse Besinnungstage für Jugendliche aus der High-School der Pfarrei mit dem sprechenden Namen „Kairos“: Ungefähr 25 Jugendliche im Alter von 15 bis 16 Jahren sind mit einem Leitungsteam aus Lehrern und 17-, 18-jährigen Schülern der obersten Klasse für mehrere Tage in einem Retreat-House. Ich bin als Vertreter des Pastoralteams und als Beichtvater dabei. Bei jeder Arbeitseinheit hält einer aus dem Leitungsteam einen geistlichen Impuls mit dem Charakter eines Glaubenszeugnisses. Wie bei solchen Tagen üblich, wird im Team vor jeder Arbeitseinheit noch einmal das weitere Programm besprochen mit den Dingen, die abgeklärt und vermeldet werden müssen. Das ist mir vertraut. Doch zum Schluss der Besprechung stellen sich auf einmal alle aus dem Team im Kreis auf. Die Jugendliche, die mit ihrem Impuls drankommt, stellt sich in die Mitte. Und dann beginnt jeder aus dem Team reihum für sie zu beten. Dabei legt ihr jeder die Hand auf die Schulter und spricht mit eigenen Worten ein kurzes Gebet. Ich habe selten eine so dichte und persönliche Atmosphäre in einem Leitungsteam erlebt. Das gemeinsame Füreinander-Beten hatte nicht nur für denjenigen, der in der Mitte stand, eine enorme Kraft. Es veränderte auch die Beziehungen innerhalb des mit Jugendlichen und Erwachsenen gemischten Teams.

Mir fiel am stärksten auf, mit welcher Selbstverständlichkeit frei und mit persönlichen Inhalten gebetet wurde. Dabei wurde das Vorbeten nicht dem Priester überlassen, selbst wenn einer anwesend war. Die Fähigkeit und der Mut auch junger Menschen zu dieser Art des Betens haben mich stark beeindruckt.

Der Kontrast zur deutschen Wirklichkeit ist vielleicht deswegen so stark, weil unser Beten sehr ins Private gerutscht ist und zudem stark von Innerlichkeit oder festen, vorformulierten Gebeten geprägt ist. Im gemeinschaftlichen Gebet kommt es sehr selten vor, dass man sich von festen Gebetstexten löst. Beides hat sicher seinen Wert, aber ich habe doch das Gefühl, dass bei uns vor allem im gemeinsamen Beten das Leben nicht genug Platz hat. Als ich mit Father Jason darüber sprach, hat er es für mich auf den Punkt gebracht: „Gebet ist für uns in Amerika persönlich, aber nicht privat."

Vielleicht liegt hier ein Unterschied in der Mentalität. Wir haben große Hemmungen, persönliche Dinge offen zu benennen. Das ist in Amerika auch in anderen Kontexten sehr anders, wo man nach einer Fahrt mit dem Taxi schon mehr über das Leben des Taxifahrers weiß als über lange Bekannte in Deutschland. Zudem empfinden es in Deutschland mittlerweile viele als peinlich, öffentlich zu beten, selbst mit festen Gebeten. Und wenn gebetet wird, sind die Profis dafür zuständig. Auch hier ist die öffentliche Wahrnehmung in den USA anders. Es ist normal, religiös zu sein und dementsprechend auch nicht peinlich zu beten.

Sicher hat die Gebetsform der hier sehr präsenten Freikirchen ihre Wirkung, die sich z. B. in leibhaftigen Ausdrucksformen wiederfindet. Das heißt, es wird stärker mit Händen und Füßen gebetet. Gebetshaltungen wie die geöffneten Arme, die nach oben gestreckten Hände, das Ausstrecken oder Auflegen der Hände bei Segensgebeten sind auch in katholischen Gottesdiensten gängig. Ein starkes Zeichen gab es für mich, wenn im Sonntagsgottesdienst für Einzelne, z. B. Schulabgänger, Ehejubilare oder Geburtstagskinder besonders gebetet wurde. Zum Segensgebet des Priesters streckten alle in der Gemeinde ihre Hand zum Segensgestus aus und segneten gemeinsam mit dem Priester diese Menschen. So wurde auch für mich gebetet, als ich die Gemeinde wieder verließ, und ich muss sagen, es hat mich tief berührt. In Europa finden wir das freie Gebet hauptsächlich bei den charismatischen Bewegungen und anderen geistlichen Gemeinschaften, die von den Freikirchen inspiriert sind. Es ist für mich aber letztendlich die Frage: Wieviel Platz hat unser wirkliches Leben in den Gebeten und unserer Beziehung zu Gott. Das heißt also, wie lebendig und geerdet ist unser Glaube? Zudem ist für mich die Frage, wo Christen bei uns lernen, zu beten. Viele haben ja schon bei freien Fürbitten Angst, irgendetwas Falsches zu sagen oder falsch zu formulieren. Das ist nicht nur eine Frage für „die Leute", sondern auch für Priester und hauptberufliche Laien. Wenn ich sehe, wie schwer es auch in deutschen Pastoralteams ist, jenseits des Stundengebets gemeinsam zu beten, liegt hier noch viel Entwicklungspotential. Nach meinem Erleben in den USA würde es uns aber gut tun, hier mehr zu wagen.

Wenn Gebet als persönlich, aber nicht privat erachtet wird, kann die Gottesbeziehung des Einzelnen auch der Gemeinschaft Kraft geben. Wenn Menschen lernen, mit eigenen Worten ihr Leben vor Gott zu bringen, wird der Glaube lebendiger – und gleichzeitig bezeugt.

The sound of Prayer

Welchen Musikgeschmack hat Gott?

Musik ist in der Kirche immer schon ein sehr wichtiges und oft auch von Kontroversen geprägtes Thema: Welche Musik ist liturgietauglich? Darf oder soll man auf Wunsch von Menschen Pop-Songs bei Hochzeiten und Beerdigungen erlauben? Bleibt die Orgel die Königin unter den Instrumenten für das Sakrale? Wie hört sich sakrale Musik an? Nach meinen Erlebnissen in diversen Gottesdiensten in Chicago hat Gott anscheinend einen sehr breiten Musikgeschmack.

Vier katholische Sonntagsgottesdienste – vier verschiedene Erfahrungen von Kirchenmusik. Erster Sonntag in *St. Benedict the African*: eine Kirchenband begleitet alle Lieder mit Elektro-Orgel, Schlagzeug, E-Gitarre, drei großen Bongos und Gospel-Chor. Alle Lieder sind im afroamerikanischen Stil der Gospels und Spirituals. Da geht richtig die Post ab. Zweiter Sonntag in *Old St. Patrick*: Neben dem Altarraum steht ein großer Flügel, um den ein Chor mit vielen, vorwiegend jüngeren Menschen versammelt ist. Dazu spielen zwei Instrumentalsolisten mit Cello und Querflöte. Gemeindegesang und Chor im Wechsel, meist Lieder aus dem gemeinsamen Gesangbuch aus der anglo-irischen Tradition. Auch „Lobet den Herrn" auf Englisch ist dabei. Dritter Sonntag in *Our Lady of Guadelupe*: Auf der Empore der Kirche spielt eine Musikgruppe mit Gitarren, Geige und Trompete, dazu ein paar Lead-Sänger, die den Gesang durch ein Mikrofon unterstützen. Alles ist auf Spanisch und ich fühle mich nach Südamerika versetzt mit den Rhythmen und all den Saiteninstrumenten. Es fehlt nur noch die paraguayische Harfe. Vierter Sonntag in der *Holy Name Cathedral*: Pontifikalamt mit Kardinal Cupich, der Kathedralchor zieht in dunkelroten Roben mit den Liturgen ein, die große Orgel gibt alles. Der Chor singt alle liturgischen Gesänge und hauptsächlich klassische kirchenmusikalische Literatur der letzten Jahrhunderte. Wenn die Gemeinde singt, wird sie von der Orgel begleitet.

Ein anderes Erlebnis ist ein Gottesdienst der freien *Willow-Creek-Church*. Er wird gefeiert im *Auditorium Theatre*, einem der ältesten Theater Chicagos, das sonntags für den Gottesdienst zur Verfügung gestellt wird. Zentral auf der Bühne hat sich eine große Band aufgebaut mit viel Technik, dazu ein Chor von ungefähr 20 Leuten. Über der Band hängt eine große Leinwand, auf der (nicht nur) die Songtexte eingeblendet werden. Der Gottesdienst besteht zu zwei Dritteln aus Songs des Genres Worship-Musik, also sakraler Pop-Musik. Dazwischen sind Gebete, biblische Texte und eine ausführliche Predigt eingestreut. Die ungefähr dreihundert Gottesdienstbesucher aller Altersgruppen, die an diesem Sonntag in das Theater gekommen sind, gehen gut mit. Ich empfinde dieses musikalische Gebet schon durch die Bühnensituation doch eher als Performance, aber viele singen und beten sichtbar auch innerlich mit.

Wer schwerpunktmäßig Gottesdienste gewohnt ist, die mit Orgel oder auch schon mal von Kirchenbands begleitet sind, ist von der Vielfalt der Musik, die im Gottesdienst praktiziert wird, fasziniert. Die Bedeutung, die der Musik besonders – nicht nur – in den Freikirchen beigemessen wird, lässt aufhorchen.

Welcher Musikstil ist nun der richtige für die Liturgie? Welchen Musikgeschmack hat Gott, wie ich es im Untertitel formuliert habe? Ich bin überzeugt, dass Gott alle Musikstile mag. Es ist für mich keine Frage des Musikstils, ob die Musik im Gottesdienst dem Ausdruck des Glaubens, der versammelten Gemeinschaft und dem Gebet dient. Entscheidend ist vielmehr das Gefühl, ob hier nur etwas vorgeführt wird, also ob die Performance stimmt oder ob mit Musik geistliche Dimensionen ausgedrückt werden und Menschen sich innerlich hineingeben können. Der Musikstil ist in erster Linie eine Frage des Geschmacks und auch des kulturellen Empfindens, wie ich es schon im 2. Kapitel beschrieben habe. Ich habe für mich persönlich festgestellt, dass ich mich am wohlsten in dem Stil fühlte, der in St. Patrick und auch in meiner Gastpfarrei St. Benedict gepflegt wurde: eingängige Lieder, oft mehrstimmig in der modernen Kirchenliedtradition mit Piano, Orgel oder Soloinstrumenten begleitet. Hier konnte ich mich selbst am besten geistlich ausdrücken, vor dem Hintergrund meiner eigenen kulturellen und musikalischen Prägung. Die anderen Stile habe ich oft als richtig gut empfunden, ich konnte mich daran erfreuen, mich aber nicht in derselben Weise spirituell ausdrücken. Und hier liegt für mich der entscheidende Punkt der Musik in der Liturgie. Unser deutsches Sprichwort „Wer singt, betet doppelt" hat eine tiefe Wahrheit. Musik im Gottesdienst ist nicht einfach nur Performance, sie ist Ausdruck von Gebet und gemeinsame Glaubensvergewisserung.
Gerade in der Worship-Musik der Freikirchen, wie auch der Gospel- und Spiritual-Musik der afroamerikanischen Gemeinden ist diese Vergewisserung besonders greifbar. Ich hatte das Glück, das halbe Jahr im Chicago Community Chorus, einem großen afroamerikanischen Gospelchor mitsingen zu können. Die Lieder dort waren ein einziges Gebet, in das man sich auch körperlich hinein-

gab. Die Sängerinnen und Sänger beteten durch die Musik. In meiner germanischen Verfasstheit behielt ich dabei immer ein bisschen Hemmung beim Swingen und Grooven und mein körperlicher Ausdruck blieb wohl bis zum Schluss etwas steif. Das, was sich durch Musik aber im Kern ereignet, habe ich in meinem bisherigen sauerländischen Kontext auch erlebt, wenn am Ende eines Festgottesdienstes „Großer Gott, wir loben dich" mit echter Inbrunst gesungen wird. Hier liegt für mich der Kern: die Musik öffnet uns in einer Weise für Gottes Gegenwart, wie es Worte allein nicht vermögen. Das ist der Prüfstein für Musik im Gottesdienst und nicht, ob es gregorianischer Choral oder ein Popsong ist.
Da Menschen hier aber sehr unterschiedlich empfinden, sehe ich es nach den Erfahrungen in Chicago als sehr hilfreich an, wenn eine gewisse Breite an Musikstilen in einer Pfarrei, ja auch in einzelnen Gottesdiensten präsent ist. Nicht, damit jeder sich sein Häppchen heraussuchen kann, sondern, damit möglichst viele Menschen die Möglichkeit erhalten, sich innerlich mit der Musik zu verbinden, um zu beten, um Gott zu preisen und um Gemeinschaft zu erfahren. Es versteht sich von selbst, dass es dazu nötig ist, die Gemeinde in geeigneter Form anzuleiten, sie zum Singen zu befähigen und zu motivieren. Dazu braucht es Musiker, die ihr Handwerk verstehen und gleichzeitig einen spirituellen Zugang zur Musik haben. In den USA habe ich dies als hervorragend erlebt mit Musikgruppen, die animierten, mit ausreichend Liederbüchern und Kantoren, die musikalisch von einem zweiten Ambo aus durch die Liturgie führten. Letzteres gibt es in Frankreich auch überall, aber dort sind in Liederbüchern nie die Noten abgedruckt. Das behindert die aktive Teilnahme nicht unerheblich. Die Bedeutung der Musik für eine ausdrucksstarke Liturgie kann jedenfalls nicht hoch genug eingeschätzt werden.

Gott kann in der Vielfalt der musikalischen Stile verehrt werden. Das Entscheidende ist, dass Musik im Gottesdienst geistlich gefüllt ist. Dieses musikalische Gebet kann rhythmisch und laut sein oder meditativ in die Stille führen. So wird Musik eine Erfahrung der Transzendenz und schafft auf ihre Weise Glaubensgemeinschaft. Ich sehe ein Ziel darin, dass Musiker in der Kirche nicht nur Konzertmeister, sondern auch spirituelle Führer sind.

Petrus oder Onkel Jack?

Was Heilige und Verwandte gemeinsam haben

Wo und wie lernen junge Menschen zu glauben? Klar, zuerst in den Familien, dann in Schule und Gemeinde. Das ist eine Binsenweisheit. Ein Aspekt ist mir dabei in den USA aufgefallen, der hier besonders betont wurde: *role models*, d. h. Vorbilder im Glaubensleben. Dabei geht es nicht um Hollywood-Star-Kult, sondern um Lernen am konkreten Modell, auch in der Religion.

Firmvorbereitung in *St. Benedict*. Im Zugehen auf dieses Sakrament musste jeder Jugendliche ein Glaubensgespräch mit einem Mitglied des Pastoralteams führen. Auch ich war in diese Gespräche mit eingebunden. Zur Vorbereitung bekamen die Jugendlichen einen kurzen Fragenkatalog. Gefragt wurde darin u. a. nach dem Firmnamen, den sie sich ausgesucht hatten, also nach einem persönlichen Namenszusatz anlässlich der Firmung. Es war für mich sehr spannend zu hören, warum sich die Jugendlichen einen bestimmten Namen aussuchten. Dieser Name hatte fast immer etwas mit einem Vorbild in Glauben und Leben zu tun. Manchmal war es der Namen eines bestimmten Heiligen, der sie besonders beeindruckt hatte. Oft nannten sie aber auch den Namen eines Familienmitglieds, das für sie Vorbild war. Dabei konnten sie sehr genau begründen, warum sie diesen Onkel, diese Oma oder auch Eltern als *role model* sahen. Ein Junge hatte den Namen seines Onkels Jack gewählt. Onkel Jack war erst kürzlich mit Ende 40 verstorben, hatte aber seinem Neffen bei den verschiedenen Unternehmungen immer wieder gesagt, dass man Mut und Vertrauen brauche, auch wenn es einmal schlecht gehe. Dabei hatte Onkel Jack auch immer wieder gebetet. Diesen Mut und dieses Vertrauen auf Gott wollte der junge Firmbewerber sich immer wieder vor Augen führen, als er Jack als Firmnamen wählte.

In der Advents- und Fastenzeit war es üblich, dass alle Schülerinnen und Schüler des *St. Benedict Campus* zur Beichte eingeladen wurden. Nach Altersgruppen sortiert standen jeweils mehrere Priester zur Verfügung, ich war einer davon. Auch wenn die Jugendlichen im Klassenverband in die Kirche kamen, so war es doch jedem freigestellt, zu beichten oder nur im stillen Gebet in der Bank zu bleiben. Vor dem Hintergrund der deutschen Erfahrungen mit dem Bußsakrament war ich sehr skeptisch, aber gespannt, wie es hier sein würde. Nach einer kurzen Einführung durch Father Jason begannen die Gespräche an verschiedenen Stellen der Kirche. Ich war völlig überrascht, als zuerst die jungen Lehrerinnen und Lehrer kamen, um zu beichten. Sie gaben den Schülern ein Vorbild, dem viele folgten.

Die Frage nach Vorbildern im Leben und Glauben nichts wirklich Neues. Aber die Bestimmtheit, mit der junge Menschen ihre *role models* benennen konnten, hat mich überrascht und mir die Bedeutung des gelebten Beispiels im Glauben gezeigt.

In diesem Zusammenhang ist für mich die Frage nach der Glaubenserziehung und Katechese neu beleuchtet worden. Die kognitive Seite des Glaubens wird vielfach vermittelt. Auch in den USA und Frankreich gibt es die Sonntagskatechesen mit tollen Programmen und vielen ehrenamtlichen Mitarbeiterinnen und Mitarbeitern. Ähnliches kennen wir von unseren Vorbereitungen auf die Erstkommunion oder dem Religionsunterricht. Dieses Lernen läuft aber ins Leere, wenn nicht durch konkrete Menschen Beispiel gegeben wird, wie Glauben geht. Die Frage nach der Glaubenspraxis in den Familien stellt sich mir neu und mit großer Dringlichkeit. Der Vergleich in einem völlig anderem Zusammenhang hat mir dafür neu die Augen geöffnet: Wie lerne ich den Umgangs mit den öffentlichen Verkehrsmitteln in Chicago? Ich war sehr dankbar, dass Tim, der Verantwortliche für das Sabbatical-Programm, mit uns Neuen einmal mit den Bussen gefahren ist, uns die elektronische Zahlungsweise gezeigt hat und mit uns an den bestimmten Haltestellen ein- und ausgestiegen ist. Fahrpläne mit Informationen und diverse Apps hätten nie zum gleichen Ergebnis geführt wie dieses konkrete Mitgehen und Vormachen. Genauso ist es im Glauben. Ich hatte den Eindruck, dass auch bei den Erwachsenen in der Kirche das Bewusstsein, wie kann ich ein *role model* des christlichen Lebens für meine Kinder sein, bedeutend präsenter war. Es genügt einfach nicht, bloß davon zu reden, wie wichtig der Glaube ist. Es muss auch am Leben ablesbar sein. Dass viele in der amerikanischen Gemeinde dies verinnerlicht haben, spiegelte sich letztendlich auch in der starken Präsenz von Familien in den Gottesdiensten wieder.

Glauben lernen am Modell ist wesentlich. Dazu ist es für Christen notwendig, die Frage zu beantworten: „Wie praktiziere ich meinen Glauben?“. Die Frage „Wer ist für mich selbst Vorbild im Glauben?“ führt schnell auch zur Frage „Wem möchte ich Vorbild im Glauben sein und wodurch?“

Eine Reise nach innen

Wie Gott den Weg mit Menschen geht

An verschiedenen Stellen ist mir in den USA der Begriff *spiritual journey* begegnet. Dieser Begriff hat sich mir sehr eingeprägt und ich habe ihn sehr schätzen gelernt. Er entspricht in etwa unserem Wort des geistlichen Weges, hat aber für mich einen noch dynamischeren Akzent. Eine Reise bedeutet Bewegung. Das Leben als „Reise Gottes mit mir" zu begreifen, ermöglicht ein neues Bewusstsein für Lebensgeschichte und geistliche Entwicklung nach vorne.

Eine Gruppe in der Pfarrei *St. Benedict* war mir in den Monaten dort besonders ans Herz gewachsen. Etwa fünfzehn Erwachsene, die sich darauf vorbereiteten, katholisch zu werden und dabei von einem Team von ehrenamtlichen Laien und der Pastoralreferentin begleitet wurden. Sie waren Teilnehmer des Kurses RCIA *(Rite of Catholic Initiation for Adults*), der jedes Jahr in der Pfarrei angeboten wurde. Dabei waren diese Männer und Frauen im Altersspektrum von Ende zwanzig bis Mitte sechzig sehr unterschiedlich. Drei Personen waren nicht getauft, andere in verschiedenen protestantischen Kirchen getauft und wollten katholisch werden. Einige waren schon katholisch, hatten aber als Jugendliche den Kontakt verloren und bereiteten sich nun auf den Empfang der Firmung vor. Gemeinsam hatten sie alle, dass sie ganz neu angefangen hatten, sich mit dem Glauben zu beschäftigen und Kontakt zur Kirche zu suchen. Oft war die Partnerschaft mit einem Katholiken oder die Taufe eines Kindes der äußere Anlass, sich auf den Weg zu machen. Aber es gab auch andere We-

ge. Collin zum Beispiel war seit Jahren religiös suchend und hatte sogar schon ein Predigerseminar in einer presbyterianischen Kirche mitgemacht. Er war über Beziehungen und über den Kirchenchor schließlich zu St. Benedict gekommen und hatte hier in der katholischen Kirche seine neue geistliche Heimat gefunden.
Jeden Montagabend trafen sich die Kursteilnehmer, um sich zunächst im Schriftgespräch über die Sonntagstexte auszutauschen und dann ein theologisches Thema zu behandeln, das von einem Teammitglied wechselnd vorbereitet wurde. An Ostern wurde dann die Taufe und Firmung gefeiert. Selten habe ich ein so offenes Suchen nach dem eigenen Weg mit Gott erlebt und in den liturgischen Feiern die bewussten Wegmarken einer *spiritual journey*.

Im zweiten Beispiel möchte ich Sie noch einmal mitnehmen auf die Besinnungstage „Kairos" der *St. Benedict High School.* Der letzte thematische Tag war dem Thema Versöhnung und Umkehr gewidmet mit einer atmosphärisch sehr dichten Messfeier zum Evangelium vom barmherzigen Vater. Am Ende des Tages gab es für die Jugendlichen nach einer geistlichen Hinführung die Möglichkeit, das Bußsakrament zu empfangen. In aller Freiheit. Fast alle haben diese Gelegenheit genutzt, übrigens wieder auch einige Begleiter aus dem Leitungsteam. Selten habe ich so tiefe Beichtgespräche geführt, in denen viel von den oft schweren Lebenssituationen der jungen Menschen zur Sprache kam, aber auch, wie sie damit gedenken umzugehen. Skepsis und Hemmungen die ich aus Deutschland kenne, waren nicht zu spüren. Es war den Jugendlichen auch nicht peinlich, dass andere sahen, wenn sie das Beichtgespräch suchten. Ich habe mich gefragt, woran das wohl liegt. Einen Schlüssel habe ich in einem kurzen Gebetssatz gefunden, der immer wieder vorkam: God help me to become the best version of myself. Gott hilf mir, dass ich zur besten Version meiner selbst werde. Die Beichte richtete nicht nur den Blick auf die gewesene Schuld und das Fehlverhalten, sondern blickte mehr noch nach vorne auf das Entwicklungspotenzial jedes Einzelnen. Das Sakrament als Feier der Versöhnung war nicht nur der Platz, an dem ich einmal meine Last abwerfe und mein schlechtes Gewissen erleichtere. Die Beichte stellt vielmehr den Knotenpunkt dar, an dem ich mit Gottes Barmherzigkeit versuche, die guten Gaben, die er mir geschenkt hat, besser zu entfalten. Auch hier spielte der Begriff *spiritual journey* eine Rolle: Ich will Gottes Handeln in meinem Leben erkennen und das Gute zum Tragen bringen.

Die Deutlichkeit, mit der Menschen ihr Leben als Geschichte Gottes mit ihnen benennen, hat mich erstaunt. Die Einordnung des Bußsakraments in den Gedanken der *spiritual journey* habe ich als wegweisend empfunden.

Das Leben als *spiritual journey*, als geistlichen Weg zu sehen, habe ich als sehr kraftvoll und fruchtbar erlebt. Auch im Erzählen einiger Mitglieder aus dem Pastoralteam – mit teilweise sehr verschlungenen Biographien – wurde mir das deutlich. Diese Sichtweise wurde aber nicht nur auf das persönliche Leben angelegt, sondern auch auf die Entwicklung von Gemeinde und Kirche. So hieß es bei wichtigen Entscheidungen oft: Wir haben das gut überlegt, analysiert, besprochen und schließlich durchbetet und sind dann zur Entscheidung gekommen. Im Durchbeten werden Weichenstellungen noch einmal bewusst vor Gott gebracht und Entscheidungen geistlich rückgebunden.

Für in der Pastoral tätige Menschen zeigte sich hier eine sehr wichtige Aufgabe. Bei aller zupackenden handlungsorientierten Art, die ich bei den Amerikanern gefunden habe, stellte sich die Hauptaufgabe zu entdecken, wie und wo Gott im Leben von Menschen und auch der Kirche handelt. Geistliche Begleitung im Sinne eines Weggefährten auf der *spiritual journey*, der Gottes Handeln deutet und die nächsten Schritte überlegt, wird als zentrale Kompetenz der Mitarbeiter in der Kirche gesehen und auch erwartet.

Die glaubende Sicht auf das Leben des Einzelnen und der Kirche als *spiritual journey*, als geistlichen Weg der Menschen mit Gott in Jesus Christus, ist ein zentraler Aspekt der Lebensentwicklung und –bewältigung. Priester und hauptamtliche Laien sind in besonderer Weise als geistliche Weggefährten gefragt, um Gottes Handeln zu deuten.

Zwischen Stewards und Ministern

Wofür bekommt man den *St. Ben's Award*?

Jede Sprache hat ihre eigenen Bezeichnungen für Aufgaben und Dienste. Wer die Homepage der Pfarrei *St. Benedict* besucht, findet oft Bezeichnungen wie Ministry, Director, Commission oder Committee. All diese Worte bezeichnen in irgendeiner Weise ein Engagement für die Gemeinde und den Glauben. Ein Begriff sticht dabei besonders hervor. In *St. Benedict* begegnet er einem schon als Titel der Pfarrnachrichten „The Steward": Meine Wörterbuch-App schlägt mir die Übersetzungen Flugbegleiter, Ordner und Verwalter vor. Alles scheint für Pfarrnachrichten eigentlich etwas unpassend zu sein. Der Titel bekommt erst einen Sinn in Verbindung mit dem Wort *stewardship*, das übersetzt auch Verwaltung bezeichnet, aber vor dem Hintergrund der Gleichnisse Jesu vom guten Verwalter im Reich Gottes zu lesen ist. Diese Vokabel ist in Amerika ein Kernbegriff für ein tätiges Christentum. Hier liegen Inspirationen für das kirchliche Ehrenamt und christliches Engagement in unserem Kontext.

Erster Weihnachtstag. In *Beavens Hall*, dem großen Pfarrsaal von *St. Benedict* ist reger Betrieb. Ungefähr dreißig Leute, von Jugendlichen bis Senioren, wirbeln in der Küche, decken im Saal Tische, tragen Schinken, Gemüse und Kartoffelbrei in großen Behältern herbei, drapieren Cup-Cakes, Donuts und andere süße Sachen auf einer Anrichte oder stapeln in einer Ecke liebevoll eingepackte Geschenke. Ich bemerke, dass teilweise ganze Familien am Weihnachtsmorgen hier sind, um ein großes Christmas-Dinner für Bedürftige und alleinstehende Menschen vorzubereiten. Nach dem

Weihnachtsgottesdienst um 9.30 Uhr in der Kirche sind alle, die möchten, eingeladen, hier gemeinsam ein festliches Essen zu halten. Und dann kommen die Gäste: ältere Menschen, die allein leben, arme Menschen, die sich kein festliches Essen leisten können, Obdachlose mit ihrem Hausstand in unzähligen Plastiktüten, Menschen aller Hautfarben und Altersgruppen. An Achter-Tischen nehmen sie Platz, die Helfer bedienen sie, es gibt eine Geschenke-Tombola (sehr beliebt in Amerika), bei der aber jeder etwas gewinnt. Ich bin mit anderen aus dem Pastoralteam dazwischen, unterhalte mich mit den Leuten an den Tischen und setze mich schließlich ans Piano und spiele Weihnachtslieder. Nach drei Stunden mit einem leckeren, von diversen Sponsoren gelieferten Festessen gehen alle zufrieden wieder ihrer Wege. Weihnachten hat für 250 Menschen, deren Leben sonst eher trist ist, ein bisschen Glanz bekommen, weil sich 30 engagierte Christen am Weihnachtsmorgen für sie eingesetzt haben.

Das zweite Erlebnis ist aus der Zeit vor Weihnachten. Christmas-Party für alle, die in der Pfarrei und der Schule arbeiten, als pastorale Mitarbeiter, als Lehrerinnen und Lehrer, als IT-Fachleute oder Facility-Manager. Da kommen immerhin ca. 60 Personen zusammen. Es ist die Dankeschön-Party für alle, die das ganze Jahr über das Leben in der Pfarrei und der Schule prägen. Es gibt leckeres Essen, die unverzichtbaren Muffins und Donuts, nette Gespräche und eine Wichtel-Aktion. Dann kommt ein Höhepunkt: Father Jason verleiht den *St. Ben's Award*, die Auszeichnung der Pfarrei für die Mitarbeiterin, den Mitarbeiter des Jahres. Wie ich mir erklären lasse, konnten alle Mitarbeiter beim Pfarrer Vorschläge einreichen, wer denn dieses Jahr besonders ausgezeichnet werden sollte. Die Preisträger der letzten Jahre sind auch da und werden mir vorgestellt. Dann die große Überraschung: da mehrere Mitarbeiter gleichviel Stimmen bekommen haben, gibt es 2016 gleich sechs Träger des *St. Ben's Award*: Erico und Zora, zwei junge Lehrer, Ellen die Pfarrsekretärin; Elaine, die Pastoralreferentin; Jackie, eine Kindergärtnerin, und Louis, der Technology Director. Sie alle erhalten eine gerahmte Urkunde, ein Geschenk und viel Applaus. Das Foto mit der Verleihung wird dann auf der Homepage und den nächsten Pfarrnachrichten veröffentlicht. Später sehe ich, wie zumindest Ellen und Elaine die Award-Urkunde in ihrem Büro aufgehängt haben.

Der sehr präsente Begriff *stewardship* lässt aufhorchen. Es wird schnell klar, dass er eine tiefere Dimension hat als das deutsche Wort „Ehrenamt" und somit einen konkreten Weg weist, um als Christen zu leben. Die direkte Art der Wertschätzung und Bestätigung, mit der erfolgreicher Einsatz gewürdigt wird, fällt auf. Sie mag uns manchmal etwas dick aufgetragen erscheinen, aber sie verfehlt nicht ihre positive Wirkung.

Ich möchte mich noch einmal dem Gedanken des "Stewardship" zuwenden. Das Wort „Ehrenamt" aus meinem heimischen Kontext habe ich immer als sehr statisch, institutionell und gewichtig erlebt. Oft geht es um Vorstands- und Vereinsarbeit, um Gremien und Aufgaben, die in der Regel fest für mehrere Jahre übernommen werden sollen. Dabei steht die Aufgabe im Vordergrund. In den letzten Jahren haben wir erlebt, dass immer weniger Menschen zu einem solchen verbindlichen Ehrenamt, das langfristiger einbindet, bereit sind. Auch hat es einen Wandel gegeben, bei dem Dienste, die in der Vergangenheit „zur Ehre Gottes" getan wurden (wie z. B: Pflege von Außenanlagen oder Sorge um die Kirchenwäsche) auf einmal in geringfügige Beschäftigungsverhältnisse umgewandelt oder an Firmen gegen Rechnung vergeben wurden. Nicht wenige sprechen von einer Krise des Ehrenamts.

Stewardship sieht den persönlichen Einsatz vor dem Hintergrund des Evangeliums. So wie der Mann im jesuanischen Gleichnis vom guten Verwalter (Lk 16,1-8) seine Talente einsetzt und vermehrt, gehört es für Christen dazu, ihre Talente und Gaben für das Reich Gottes einzusetzen. Wer sie vergräbt, handelt nicht richtig. Nachfolge Jesu ohne eine praktische Ausformung für die Gemeinde der Gläubigen ist unvollständig. Mit *stewardship* ist also der Grund des freiwilligen Engagements immer mitgesagt. Worin der Einsatz aber besteht, kann sehr verschieden sein. Er wird auch als wertvoll angesehen, wenn er punktuell und in kleinerem Rahmen geschieht.

Gehen wir wieder auf die Homepage von *St. Benedict*. Hier findet sich eine Rubrik „Time, Talent, Treasure". In englischer Alliteration sind mit diesen drei Begriffen „Zeit, Fähigkeiten, Geld" die Möglichkeiten des Engagements eröffnet. Jeder soll nach den Möglichkeiten seines alltäglichen Lebens etwas davon einbringen, nicht unbedingt alle drei – was natürlich trotzdem gerne angenommen wird, wenn es geschieht. In dieser Rubrik finden sich konkrete Hinweise, wie und wofür man sich einsetzen kann.

Da sind zunächst die verschiedenen Möglichkeiten von Sponsoring und Spenden. Hier findet man die Einladungen im *Music Ministry*, also bei Chören, Musikgruppen oder der Musik im Gottesdienst mitzuwirken. Auch die Jugendarbeit und *Human Concerns* (was unserer Caritas entspricht) findet man hier. Am interessantesten finde ich aber unter dem Stichwort *Service opportunities* eine ausführliche Liste mit konkreten Dingen, wofür man in nächster Zeit Helfer sucht. Hier ein paar Beispiele aus dieser Liste:

- Mithilfe bei einer Brief-Aktion für Menschen aus der Pfarrei, die im Militäreinsatz sind,
- Mithilfe bei einer Aktion, die am Valentinstag in Seniorenheimen ein kleines Fest organisiert,
- Mithilfe beim Verteilen von Spendenkästchen der Aktion „Rice Bowl" (ähnlich wie *„Misereor"),*
- Hilfe beim Oster-Dinner durch Mitarbeit beim Service oder Spende von Nahrungsmitteln,
- Mithilfe beim *stewardship day*, an dem der Kirchencampus gesäubert, die Fenster der kirchlichen Gebäude geputzt, sowie die katholischen Friedhöfe in Ordnung gebracht werden.

Auch Dienste rund um die Gottesdienste, wie Bücher verteilen, Leute begrüßen oder kollektieren gehören dazu. Ich habe gesehen, dass manche Leute es als ihre Aufgabe sahen, Sandwiches vorzubereiten und zu stiften, die dann jeden Tag an Bedürftige, die zum Pfarrhaus kamen, abgegeben wurden.

Es sind also alles sehr konkrete Dinge, die teilweise nicht viel Zeit und Geld brauchen, die aber dennoch als Ausdruck eines aktiven Christseins verstanden werden. Es ist natürlich klar, dass nicht alle Beteiligten diesen Hintergrund immer präsent haben, aber doch viele. Zudem wurde die geistliche Einordnung immer wieder auch durch die Priester in den Predigten vorgenommen. Mir hat sehr imponiert, welche große Zahl von Menschen aller Altersgruppen damit in der Gemeinde eingebunden wurden. Auch die innere Haltung des Engagements und die daraus entstehende Solidarität haben mich beeindruckt.

Als letzten Punkt in diesem Kapitel möchte ich noch einmal das aufgreifen, was mir mit dem *St. Ben's Award* deutlich wurde. Ich habe die amerikanische Kultur als besonders wertschätzend erlebt. Menschen sagen viel direkter als wir, wenn etwas gefällt und sei es nur die aktuelle Frisur oder eine neue Jacke. Nach einem Gottesdienst hörte ich öfters „You did a great job!" Sonst höre ich immer schneller, was nicht geklappt hat oder wer wieder irgendetwas falsch gemacht hat. Es verändert Atmosphäre, ob man immer nur das Negative betont oder ob man lobt. Theoretisch wissen wir das natürlich, aber es ist schön zu spüren, dass es wirklich funktioniert. Beim *St. Ben's Award* wurde nicht beargwöhnt, warum denn ausgerechnet diese Personen ausgezeichnet wurden und nicht andere. Nein, man freute sich mit ihnen und war stolz auf die gelungene Arbeit. Ein bisschen mehr von dieser positiv ausgerichteten Haltung würde uns in Deutschland sicher auf vielen Gebieten guttun. Sie ist in ihrer Wirkung jedenfalls sehr motivierend.

Mit Hilfe des *stewardship*-Gedankens kann eine deutlichere geistliche Gründung des christlichen Ehrenamtes sicher gelingen. Die drei Begriffe *Time, Talent, Treasure* als Schlüsselwörter helfen dabei, Möglichkeiten des Engagements zu eröffnen. Es ist wichtig, auch kleine Dienste anzuerkennen und wertzuschätzen.

Jünger Jesu oder/und Cubs-Fan

Glaube und Sport – jedem seine eigene Liturgie?

In Amerika spielt der Sport eine extrem wichtige Rolle. Hinsichtlich medialer Präsenz und finanziellem Rahmen werden europäische Vorstellungen schnell gesprengt. Die Diskussionen um Transfersummen und Fernsehrechte beim Fußball im deutschen Blätterwald wirken da fast provinziell. Das hat mich fasziniert und zugleich schockiert. Das spannendste Erlebnis hatte ich, als die Chicago Cubs, einer der beiden Baseballclubs der Stadt, die World Series 2016, also die US-Meisterschaft, gewonnen hatten. Über eine Million Menschen säumten die Straße, um die nach 108 Jahren erstmals wieder siegreiche Mannschaft mit einer Parade durch die City zu feiern. Die Berührungsflächen der Welten Sport und Kirche sind dabei in den USA vielfältiger. So hatte zum Beispiel in den letzten Wochen der Baseballmeisterschaft Kardinal Cupich in der Kathedrale von Chicago immer wieder für die Cubs gebetet. Genauso hat er am Vorabend des Chicago-Marathons eine Messe für alle Läuferinnen und Läufer gefeiert. Es lohnt sich also einmal näher diese Beziehung zwischen Sport und Kirche anzuschauen.

Mein erstes American-Football-Spiel, das ich live erlebe. Wir hatten für die Teilnehmer des Sabbatical-Programms einige Karten (je 75 Dollar) für die *College National League*, die erste Liga des American Football im Universitätsbereich, geschenkt bekommen. So fahren wir im Bulli nach South Bend in Indiana. Es ist das Heimspiel der Mannschaft von Notre Dame, einer katholischen Universität der *Holy Cross Fathers* gegen ein College Team aus Nevada. Das College-eigene Stadion mit 85.000 Sitzplätzen (!!!) ist ausverkauft. Das Spiel wird direkt im TV übertragen. Ich lerne später, dass die Schiedsrichter manchmal so lange brauchen, bis sie wieder anpfeifen, weil der Werbespot im Fernsehen noch nicht vorbei ist. Viel spannender als das Spiel selbst (ich brauche einige Zeit, bis ich die Regeln verstehe) ist das Drumherum. Vorher gibt es eine gigantische Show mit einer 200 Mann starken Musikkapelle, mit marschierenden Formationen, Paraden, den unverzichtbaren Cheerleaders und schließlich dem Einmarsch der Mannschaften in die Arena. Dieses Intro mündet feierlich im Hissen der amerikanischen Flagge und dem Singen der Nationalhymne. Sportliche Liturgie auf höchstem Niveau. Gegen Ende des dreieinhalb Stunden dauernden Spiels denke ich, ich schau nicht richtig, als auf der Anzeigetafel eine Einladung zur „After Game Mass", zur Messfeier nach dem Spiel in die College Kirche eingeladen wird. Allerdings weiß ich nicht, wie viele Sportsfreunde da hingegangen sind. Alle 85.000 waren es in jedem Fall nicht, denn zumindest wir sind wieder nach Chicago zurück gefahren.

Auch an der *St. Benedict School* meiner Gastpfarrei hatte der Sport natürlich eine wichtige Rolle. „Be a Bengal" war der Slogan, hinter dem sich diverse Mannschaften für Basketball, Soccer (Fußball), Volleyball, Baseball oder auch Chearleading als eigener Sportart versammelten. Das Maskottchen war ein bengalischer Tiger. Die Sportteams sind ein wichtiger Punkt der Schulidentität. Im Leitbild der Schule wurde betont, dass die Erziehung im Sport christlichen Werten wie Verantwortung, Hingabe und Engagement oder Teamgeist ein wichtiger Pfeiler der ganzheitlichen Bildung sei nach.

Als katholische Schule standen die Mannschaften allerdings manchmal in einem Spannungsfeld von Kirche und Sport, das deutschen Gemeinden auch bekannt ist. Mehrfach wurde im Pastoralteam oder durch den Pfarrer in der Schule angemahnt, dass es problematisch sei, wenn zeitgleich sonntagmorgens auf dem Gemeindegelände die Messfeiern in der Kirche und die Spiele in der Turnhalle stattfänden. Zumindest sollten die eigenen Schüler und ihre Familien animiert werden, vorher oder nachher in den Gottesdienst zu gehen. Als katholischer Schulträger lege man viel Wert darauf. Inwieweit diese Diskussionen zu einer Änderung des Verhaltens beigetragen haben, kann ich nicht beurteilen.

Die Kirche in den USA sucht die Nähe zum Sport und beteiligt sich oft auch aktiv daran. Sportliche Tugenden werden dabei gerne auf das christliche Leben übertragen.

Diese beiden Aspekte lohnen es, sie näher zu betrachten. Wenn die Kirche den Menschen nahe sein will, dann muss sie auch dorthin gehen, wo die Menschen sind. Dabei geht es nicht um ein Sich-anbiedern, sondern um den missionarischen Gedanken. Allein die Tatsache dass im Stadion von Notre Dame 85.000 Menschen die Einladung zur Messfeier lesen und als Teil der Lebensart im College wahrnehmen, signalisiert, dass der Glauben mitten im Leben stattfindet. Wenn Sport ein wichtiger Teil des Lebens ist, dann hat er auch im Glauben seinen Platz. Zur Ergänzung aus der französischen Pfarrei, von der ich später mehr berichten werde: Hier hat Père Jacques, einer der Priester aus dem Pastoralteam, die Jugend-Fußball Mannschaft des Dorfes trainiert. Er machte dies, weil hier für ihn die einzige Möglichkeit war, den jungen

Menschen zu begegnen, und weil er als fußballbegeisterter Mensch auch Spaß daran hatte.
Bedeutsam finde ich auch, dass Sport und Glaube sich gegenseitig befruchten können. Im Prinzip ist das sehr biblisch, denn schon der Apostel Paulus vergleicht die Jünger Jesu mit Läufern, die den Siegeskranz erreichen wollen. Dieser Vergleich wurde häufiger in Bezug auf die Nachfolge Jesu gemacht. Im Bereich der schulischen Bildung habe ich das gerade schon erzählt. In der Kirche *St. Sabina* fand ich ein großes Schild an der Empore, das alle Menschen beim Verlassen der Kirche immer wieder lesen konnten. „Discipleship will cost. Are you willing?" Jüngerschaft kostet etwas. Bist du bereit? *St. Sabina* war eine Gemeinde in einem Chicagoer Problemviertel mit großem sozialem Engagement. Nachfolge Jesu hieß hier wirklich, Einsatz zu zeigen für Frieden, Versöhnung und Gerechtigkeit im Block. In den Gottesdiensten wurde der Zusammenhalt gestärkt und in neuem Teamgeist als Jünger Jesu in die Welt des Alltags gesandt. Es war auch die Erinnerung, dass Jüngerschaft manchmal Anstrengung kostet und Kampf sein kann. In einem Lebensumfeld, in dem der tägliche Überlebenskampf sehr präsent ist, man sich an Kriminalität und Drogen fast gewöhnt hat, bekommen diese Gedanken des engagierten Christseins eine eigene Farbe.
Natürlich darf man die Parallelen nicht überstrapazieren, das ist weder für den Sport noch für den Glauben sinnvoll.

Grenzüberschreitenden Begegnungen zwischen Sport und Glauben können für alle Beteiligten eine Win-Win-Situation sein. Berührungsängste sind fehl am Platz, auch wenn Kirche und Sportverein manchmal Konkurrenten sind.

Ticketpreise wie bei der Champions-League

Warum Menschen 250 Dollar für ein Gemeindefest bezahlen

Immer wieder konnte man in Chicago rund um Kirchen großflächige Werbetafeln sehen, auf denen zu einer Gemeindegala eingeladen wurde. Dabei ermunterte man die Leute, Tickets zu kaufen für „nur" 250 Dollar oder ähnlichen Beträgen. Als ich das erste Mal diese Plakate sah, fragte ich mich, wer kauft denn ein Ticket für eine Gemeindeveranstaltung für so viel Geld? Dabei waren 250 Dollar nur die untere Grenze. Später habe ich in der Pfarrei verstanden, worum es hier geht. Es waren Fundraising-Veranstaltungen, um das Geld für den Pfarreibetrieb aufzubringen. Welches Finanzierungssystem dahinter steckt und welche Wirkung das hat, dem möchte ich in diesem Kapitel etwas nachgehen.

Es war mein erster Abend in *St. Benedict*, der Freitag vor dem dritten Advent. Ich hatte das Glück, gleich mit dem großen Weihnachtskonzert in der Pfarrei beginnen zu können. Father Jason hatte mir gesagt, ich könne eine Stunde vor Konzertbeginn in den recht repräsentativen Gemeinschaftsraum des Pfarrhauses kommen. Hier gebe es im kleinen Kreis vorweg noch einen Empfang mit einem Glas Champagner und ein paar Häppchen. Jeremy, der *Director of Music Ministry*, also der hauptamtliche Kirchenmusiker, sei auch da. So kam ich dazu, freute mich bei Small Talk in gepflegter Atmosphäre, meine ersten Kontakte in der Pfarrei machen zu können und ging schließlich in die Kirche, um das wunderbare Konzert genießen zu können. Was ich erst hinterher mitbekam war, dass diejenigen, denen ich beim Empfang begegnet war, Konzertkarten mit Zuschlag bezahlt hatten. Der Sekt-Empfang mit Pfarrer und Musiker im Pfarrhaus mit dem klingenden Namen *„Conductor's Circle"* war die Deluxe-Variante des Weihnachtskonzertes für 125 Dollar. Besucher ohne Vorprogramm bezahlten je nach Sitzplatz 15 oder 35 Dollar. Das Konzert war nicht nur zur Freude der Christenmenschen in der Gemeinde da, sondern auch der Haupt-Fundraiser im Jahr für die Kirchenmusik der Gemeinde. Nach dem System – mehr Geld gibt mehr Leistung – wurde also versucht, die Menschen zum Spenden zu führen.

Sitzung des Finanzausschusses der Pfarrei mit Father Jason als Pfarrer. Das Hauptthema war der Versuch die Fundraisingaktionen im Jahr neu zu ordnen. Anlass war der Eindruck, dass jede Gruppierung in der Gemeinde ständig die Leute animieren will, Geld für ihre Aktionen zu geben und dass dadurch eine gewissen Spendenmüdigkeit aufgekommen war. Auch wurden immer die gleichen Leute für die verschiedenen Anliegen angesprochen, was zu Unmut führte. Man beschloss also, die Fundraisingaktionen zu bündeln. Das Ergebnis langwieriger Diskussionen war schließlich, dass es 2017 drei Großveranstaltungen geben sollte. Im April „Mass and Gala", eine große Ball-Veranstaltung in Verbindung mit dem 100. Geburtstag der Kirche; im Juli dann das Patronatsfest *„Ben-Fest"* vor den Ferien und im Herbst als dritte Aktion der „Fun Run", ein Sponsorenlauf mit den Schülern und für die Schule. Das Ziel war, mit diesen drei Aktionen 400.000 Dollar einzunehmen. Bei dieser Summe musste ich doch erstmal schlucken. Es wurde beschlossen, eine Mappe zu entwickeln, mit der für die Unterstützung der drei Aktionen geworben wurde und Sponsoren-Pakete zu unterschiedlichen Summe geschnürt wurden. Das kleinste Paket lag bei 1.000 Dollar, das größte bei 100.000 Dollar. Gegenleistung war meistens Werbefläche in unterschiedlichen Formaten, z. B. Anzeigen in den wöchentlichen Pfarrnachrichten, Banner bei Veranstaltungen etc. Man einigte sich am Schluss, dieses neue System des koordinierten *Sponsorship* allen Gruppen der Gemeinde mitzuteilen und in den Pfarrnachrichten zu veröffentlichen. Ob die Veranstaltungen die anvisierten finanziellen Ziele erreicht haben, konnte ich nicht mehr erleben, da ich dann schon wieder zurück in Deutschland war.

Wer gewohnt ist, Geld für den Haushalt einer Pfarrei aus gesicherten Einnahmen der Kirchensteuermittel über die Diözese zu erhalten und ansonsten eher schmalbrüstige Kollekten einsammelt, der kann sich eigentlich nicht vorstellen, wie man mehrere Millionen Dollars für den Betrieb einer Pfarrei inklusive Schule aus Fremdmitteln erwirtschaften soll. Bei näherer Betrachtung stellt man fest, dass manche Selbstverständlichkeiten im Umgang mit Geld nicht nur in der amerikanischen Kirche, sondern auch in der dortigen Gesellschaft sehr anders sind.

Ich möchte an dieser Stelle nicht das ganze Finanzsystem der Kirche erklären und auch nicht im Einzelnen darlegen, wie es der Pfarrei und der Schule *St. Benedict* gelingt, jedes Jahr einen Haushalt von 8,4 Millionen Dollar zu stemmen. Es geht mir vielmehr darum, einige Prinzipien klarzumachen, die anders sind und somit andere Haltungen zum Materiellen als in Deutschland zur Folge haben – im Positiven wie im Negativen.

Ein bedeutender Unterschied zum deutschen System ist, dass die Finanzierung von Pfarreien nicht top-down, sondern bottom-up läuft. Nicht die Diözesen verteilen möglichst gerecht das Geld an die Gemeinden, wie bei uns, sondern alle Einnahmen kommen direkt von den Menschen der Gemeinden und diese müssen einen Anteil abgeben, um die Diözese zu finanzieren. Dazu gibt es auch zwei offizielle Jahreskollekten für die Diözese. Das hat zur Folge, dass die Verantwortung für Einnahmen an der Basis liegt und man nicht einfach die Hand aufhalten und sagen kann: Die Kirche (sprich das Bistum) muss sich hier mal drum kümmern. Es ist also eine viel größere Eigeninitiative nötig, um die Dinge des Alltags bezahlen zu können. Dadurch ist Geld aber auch ständig Thema, was nicht unbedingt angenehm ist. Der positive Effekt liegt sicher in einem unmittelbareren Bezug zu Einnahmen und Ausgaben. Wenn Geld da ist, kann man sich etwas leisten, wenn nicht, dann eben nicht. Mit dem vorhandenen Geld kann erstaunlich autark umgegangen werden. Vor Ort wird entschieden, ob neues Personal eingestellt oder eine Baumaßnahme finanziert wird. Die kirchenbehördliche Verwaltung von Seite der Diözese ist sehr schlank gehalten und kontrolliert eigentlich nur, ob ein Haushalt ausgeglichen finanziert ist, um zu vermeiden, dass Pfarreien sich groß verschulden. In St. Benedict habe ich dabei absolute Transparenz in Bezug auf Geld erlebt. Jede Woche standen in einer Rubrik der Pfarrnachrichten alle Zahlen zu Kontoständen sowie die Zielvorgaben für Projekte und Ergebnisse der Kollekten. Diese Transparenz schafft ein Klima der gemeinsamen Verantwortung für das materielle Leben der Gemeinde und auch der Schule.

Zur Schule möchte ich nur so viel bemerken, dass privat hier auch wirklich privat heißt, also ohne Zuschuss öffentlicher Mittel. Das hat zur Folge, dass Eltern Schulgeld bezahlen müssen. In *St. Benedict* lag diese „Tuition" von Kindergartenalter bis Mittelstufe bei 7.000 Dollar im Jahr, im Bereich der High-School bei 10.000 Dollar. Mit diesen

Gebühren bewegte sich die Schule im mittleren Bereich des Üblichen und hat im Jahr 6,2 Millionen Dollar eingenommen. Es gibt zwar Förderung in Härtefällen, aber ich habe mich oft gefragt, wie Eltern dieses Geld auch für mehrere Kinder aufbringen. Der Gedanke „Bildung für alle – unabhängig des sozialen Status" wird im amerikanischen Bildungssystem wohl noch lange ein Traum bleiben.

Die Spendenbereitschaft habe ich als sehr hoch erlebt. Eine normale Sonntagskollekte für die Gemeinde lag ungefähr bei 13.000 Dollar, einem Betrag, von dem deutsche Kirchenvorstände nur träumen können. Wenn Sonderkollekten für bestimmte Anliegen angesetzt waren, wurde diese als zweite Kollekte innerhalb eines Gottesdienstes gehalten. Allerdings flossen viele der Spenden längst nicht mehr über das Kollektenkörbchen, sondern online. Mit intensiver Werbung für „Donate online" hat die Pfarrei Wege eröffnet, die für viele inzwischen einfacher und für die Gemeinde ertragreicher sind als Bargeld. Die Möglichkeit, in der Kirche per Kreditkarte die Kollekte zu geben, hatte man in St. Benedict noch nicht. In einer anderen Kirche habe ich aber im Foyer einen entsprechenden Automaten gesehen. Man passt sich dem Zahlungsverhalten in einer Gesellschaft an, die eigentlich nur noch mit Plastikgeld bezahlt.

Das Sponsorenwesen ist in den USA allgemein bedeutend ausgeprägter, da die öffentliche Hand nur geringe Anteile zuschießt. So können auch Theater, Museen oder Bibliotheken ohne finanzstarke Sponsoren gar nicht existieren. Die Geldgeber werden dann allerdings immer genannt oder bei wirklich großen Beträgen auch mit Gedenktafeln geehrt. Diese Mentalität, wer Geld hat, kann es eben auch zeigen und nach seinem Ansinnen Dinge fördern, kennen wir bei uns so nicht. Damit kann aber einiges bewegt werden. Die Schattenseite ist, dass eine gewisse Abhängigkeit von Geldgebern entsteht, die

manchmal auch dem Auftrag der Kirche im Wege stehen kann. Es soll durchaus vorkommen, dass Geldgeber drohen, die Spenden einzustellen, wenn Dinge nicht nach ihrem Duktus laufen.
Grundsätzlich muss ich schon sagen, dass ich in diesem Zusammenhang das deutsche System der Kirchensteuer wieder neu schätzen gelernt habe. Die Planbarkeit und relative Sicherheit gerade in Bezug auf Personal und Fixkosten ist mir doch lieber – aber ich bin eben auch kein Amerikaner.

Finanzielle Eigeninitiative, kreatives Sponsoring, Transparenz und Unmittelbarkeit der Geldverwendung sind Punkte, von denen sich unsere manchmal zu sehr von Dienstleistung her bestimmte Mentalität inspirieren lassen kann. Dazu bringt das Gefühl der materiellen Solidarität auch Früchte für das Gemeindeleben, besonders bei größeren Projekten, die mit gemeinsamer Anstrengung gestemmt werden können.

Im Sakristeischrank ist nichts anzuziehen

Wenn nicht für alles Geld da ist.

Das Thema Geld baut mir eine Brücke, um mit meinen Berichten von den USA nach Frankreich zu wechseln. Denn auch wenn die Summen sich in völlig anderen Dimensionen bewegen, haben die beiden kirchlichen Situationen doch etwas gemeinsam: die Finanzierung bottom-up. Auch in Frankreich kommen alle Einnahmen der Kirche direkt von den Gläubigen und nicht aus einem großen diözesanen Topf. Allerdings ist die materielle Grundsituation völlig anders. Ja, man kann von einer finanziell armen Kirche in unserem Nachbarland sprechen. Woran dies deutlich wird, kann ich erzählen.

Ostersonntag in der Pfarrei *St-Jacques-en-Gâtine*. Nachdem ich eine Woche hier verlebt habe, werde ich meinen ersten Gottesdienst in einer der 55 Dorfkirchen feiern. Ich stehe auf dem Dienstplan für *La Ferrière*. 14 Kilometer muss ich fahren, plane auch genügend Zeit ein, für die Suche, falls ich den Weg nicht gleich finden sollte. Ich orientiere mich noch etwas altmodisch, denn ich habe statt eines Navi eine Michelinkarte im Auto, die ich mir gleich vor Ort gekauft habe. Die *Équipe liturgique*, also die Gruppe, die vor Ort die Gottesdienste vorbereitet, hat mir den Ablauf der Messe im Vorfeld zugemailt. So packe ich diese Unterlagen nebst Osterpredigt ein und mache mich auf den Weg. Als ich in *La Ferrière* ankomme, sind die Mitglieder der *Équipe* schon da und bereiten alles in der Kirche vor. Wir machen uns bekannt und da fragen sie mich, ob ich denn nichts dabei habe? Ich schau wohl etwas irritiert, denn eine Frau hakt nach. Ja, ob ich keine Albe und die

Bücher mitgebracht hätte? Als ich verneine, sind auf einmal alle schrecklich aufgeregt. Als ich mich in die Sakristei führen lasse, weiß ich auch warum. In der Sakristei gibt es praktisch nichts, d. h. ein klappriger Schrank steht in der Ecke und ein wackeliger Tisch, auf dem das Team seine Papiere ausgebreitet hat. Ansonsten ist die Sakristei leer. Die Frauen erklären mir, dass die Priester immer alles für die Messe mitbringen, außer Hostien und Messwein. Es gebe in ihrer Sakristei weder Gewänder noch Bücher. Mir wird etwas heiß, denn inzwischen ist es zu spät, um noch einmal die 30 km Hin- und Rückweg zu meiner Wohnung zu fahren, um die Dinge zu holen. So durchsuche ich den Schrank und finde ganz hinten immerhin ein ausrangiertes Messbuch (Gott sei Dank!) und zwei Stolen. Ansonsten ist wirklich nichts vorhanden. Die Lesungstexte haben die Frauen der *Équipe* in ihren eigenen kleinen Liturgie-Heften, aus denen man sie vorlesen kann.
So bleibt mir nichts anderes übrig, als meinen ersten Ostergottesdienst in Frankreich in zivil, das heißt im Anzug mit Stola zu feiern. Natürlich erkläre ich der Gemeinde zu Beginn, ein deutscher Priester könne sich nicht vorstellen, dass in einer Sakristei einfach nichts da ist. Ich glaube, die Leute haben es mit Humor genommen. Jedenfalls wurde es schnell weitererzählt, denn am nächsten Tag sprachen mich die Mitbrüder aus dem Pastoralteam sofort darauf an.
Von da an hatte ich jedenfalls immer meinen liturgischen Reisekoffer dabei, um notfalls auch in der Wüste die Messe feiern zu können. Père Gérard, der Pfarrer, erklärte mir, dass die Pfarrei es sich einfach nicht leisten könnte, in den 55 Kirchen die Sakristeien zu unterhalten. Deswegen bringt jeder Priester das, was er braucht, immer selbst mit.

Wenn ich aus dem Fenster meines Pfarrhauses in Parthenay schaute, hatte ich den Kirchturm von *St. Laurent* im Blick. Allerdings konnte ich die Spitze des neugotischen Turmes, der an die Kirche aus dem 11. Jahrhundert gebaut worden war, nicht sehen, denn er war von Gerüsten eingehüllt. Ich fragte Père Gérard, wie lange denn die Renovierung dauern würde. Er konnte mir nur sagen, dass er es nicht wisse. Seit einem Jahr wurde daran gearbeitet und je nachdem, wie die Kommunen und das Denkmalamt Geld gäben, gehe es weiter. Die Pfarrei habe keinen Einfluss darauf, denn das Kirchengebäude gehöre ja, wie alle Kirchen, die vor 1905 gebaut wurden, der Kommune und nicht der Kirchengemeinde. So will es die französische Rechtslage. Er sei darüber ganz froh, denn die Kirche wäre überhaupt nicht in der Lage, all die Kirchengebäude finanziell zu unterhalten.

Am nächsten Morgen las ich dann in der Zeitung, dass der Stadtrat von Parthenay in seiner Sitzung verhandelt hatte, ob nach der Kirchturmrenovierung auch das Innere der Kirche und die Orgel erneuert werden sollten. Über die Notwendigkeit dieser Projekte hatte es zwischen den Parteien eine heftige Auseinandersetzung gegeben. Für mich war es doch sehr befremdlich, solche Themen auf der Tagesordnung eines Stadtrates und nicht eines Kirchenvorstandes zu finden.

Was für mich selbstverständlich ist, muss es für andere noch lange nicht sein. Zu erleben, wie eine Kirche fast ohne eigenen Besitz und mit bescheidenen Mitteln leben muss, zeigt, wie komfortabel die deutsche Kirche aufgestellt ist. Normal genutzte Kirchengebäude, die nicht der Kirche gehören, sind für uns kaum vorstellbar.

In welcher Weise kann man sich von einer Kirche, die mit bescheidenen Mitteln leben muss, inspirieren lassen? Ist das nicht einfach defizitär? Geld ist ja auch Gestaltungsmöglichkeit. Ist es denn nicht besser, wenn der Rahmen zur eigenen Gestaltung des Lebens in der Kirche größer ist? Natürlich ist das keine Frage. Ehrlich gesagt, möchte ich in Bezug auf die materiellen Möglichkeiten mit den französischen Kollegen nicht tauschen. Trotzdem kann die französische Situation der reichen deutschen Kirche ein paar Dinge in Erinnerung rufen, die für eine Glaubensgemeinschaft wesentlich sind.

Eine gewisse Einfachheit zu erleben, konfrontiert mich mit den Fragen: Mit was bin ich zufrieden? Welche materiellen Ansprüche habe ich? Wo liegen Prioritäten im Leben einer Gemeinde, für die ich das begrenzte Geld einsetzen will? Die letzte Frage wird inzwischen auch in deutschen Gemeinden gestellt, aber bei den ersten beiden klagen wir schnell auf sehr hohem Niveau. Das erzählte Beispiel von der Sakristei ist eigentlich gar nicht so verkehrt. Welchen Sinn hat es, 55 Sakristeien in Schuss zu halten, wenn nur noch drei Priester zu den Messen anreisen und in manchen Kirchen nur noch alle drei Monate ein Gottesdienst gefeiert wird? Der Anspruch an eine kleine Dorfsakristei darf deutlich niedriger sein als an die Ausstattung der Pfarrkirche. In Bezug auf Ansprüche fielen mir sofort die Diskussionen um eine flächendeckende technische Ausstattung von Büros, Pfarrheimen und Kirchen in meiner eigenen Diözese ein. In dieser Hinsicht sind die Ansprüche bei uns in den letzten Jahren in einer Weise gestiegen, die große Summen des Haushaltes verschlingen. Sicher braucht man heute mehr Technik, um in moderner Weise arbeitsfähig und in einer digitalen Welt als Kirche präsent zu sein. Aber wenn begrenzte Mittel da sind, stellt sich die Frage: Muss es immer und überall das Beste und Modernste an Ausstat-

tung sein? Was ist zur Erfüllung unseres Auftrages für die Menschen nötig und was ist eigentlich nur Spielzeug? Die Pfarrei *St Jacques* hat ein Gesamtbudget von ca. 420.000 Euro, von denen allein 180.000 Euro an die Diözese abgeführt werden. Für Personalkosten werden 62.000 Euro aufgebracht, dazu die normalen Kosten für Energie, Instandhaltung, Druckkosten etc. Da bleibt nicht viel Spielraum für Investitionen, wenn auch pastorale Projekte unterstützt werden sollen. Was ist also nötig und wo bedarf es der Selbstbeschränkung, um nicht nur nach den Gesetzmäßigkeiten der Welt zu handeln? Ich denke, diese Fragen stellen sich vor dem Hintergrund der französischen Situation auch uns und wir sollten sie zulassen. Natürlich bieten deutsche finanzielle Möglichkeiten auch die Chance für Großprojekte in Pfarreien und Diözesen. Dass Geld Gestaltungspotential mit sich bringt, habe ich an der amerikanischen Situation deutlich gemacht. Dieses Potential sollte man auch nutzen. Trotzdem ist es für mich bei solchen Projekten wichtig sich zu prüfen, ob sie inhaltlich so schwer wiegen, dass große Investitionen gerechtfertigt sind.
Sich in Frage stellen lassen – das beziehe ich auch auf den Lebensstil der Priester, also auch auf meinen eigenen. Die Priester im Bistum Poitiers müssen im Schnitt mit 900 Euro im Monat klarkommen. Die Pfarrhäuser, die oft auch der Kommune gehören, sind in der Regel möbliert und entsprechen nicht immer dem heutigen Standard. Das fängt bei der Installation an und hört bei der Küche auf. Sicher, wir haben generell in Deutschland eine andere Wohnkultur, durch die jeder in seiner Weise geprägt ist. Doch das Bewusstsein, dass wir als deutsche quasi-verbeamtete Priester mit Regelgehalt ein seltenes Privileg haben, könnte sich positiv auf die eigene Haltung im Umgang mit Konsum und materiellen Werten auswirken. Es ist für mich persönlich jedenfalls eine Frage zur eigenen Gewissenserforschung geworden.

Eine weitere Inspiration sehe ich in einem Gedanken, den ich schon im Kapitel über *stewardship* in den USA aufgegriffen habe. Es gab in Parthenay neben den Priestern nur fünf Mitarbeiter, die für ihre Arbeit entlohnt wurden. Sie waren in den Feldern Katechese, Jugendarbeit, Krankenhausseelsorge und im Pfarrbüro tätig. Alle anderen Dienste von Küstern über Reinigungskräfte und Handwerkern bis zu Musikern wurden freiwillig und unentgeltlich gemacht. Die bestimmende Haltung war wirklich, sich zur Ehre Gottes und zum Wohl der Menschen einzubringen. Eine Haltung, die auch eine tiefe Form von Gemeinschaft und Verbundenheit im Dienste Jesu hervorruft. Ich habe dort fast nur solche Menschen erlebt, die ihren Dienst gerne gemacht oder sich in starker Weise mit der Gemeinde identifiziert haben. Echte Freude habe ich zum Beispiel bei dem fünfköpfigen Männerteam erlebt, die gerade den Pfarrsaal in Parthenay frisch gestrichen haben. Nach geleisteter Arbeit am Vormittag war es ihr Lohn, im Pfarrhaus den Pausenkaffee zu trinken. Das war immer eine sehr fröhliche Runde, zu der ich mich gerne gesellt habe, auch wenn ich keinen Pinsel in der Hand hatte. Es ist für mich keine Frage, dass, wenn Geld vorhanden ist, auch Personal in den Gemeinden gerecht entlohnt werden muss. Aber die in den letzten Jahren gewachsene Mentalität, für jedes Rasenmähen Geld zu verlangen oder Firmen für alle praktischen Arbeiten zu beauftragen, weil man nicht sofort Freiwillige findet, fördert das Klima in einer Gemeinde sicher nicht. Diese Haltung zeugt eher von einer inneren, keiner materiellen Armut.

Eine Bemerkung noch dazu, dass fast alle Immobilien, die von den Gemeinden genutzt werden (Kirchen, Pfarrhäuser, Pfarrheime), nicht im Eigentum der Kirche sind. Für mich war es sehr befremdlich zu erleben, dass man nicht Herr im eigenen Haus ist. Vor allem in Bezug auf den Umgang und die Gestaltung der Kirchen könnte ich mich wohl nur schwer daran gewöhnen, andauernd auf das Wohlwollen und die Finanzkraft der kommunalen Behörden angewiesen zu sein. In Bezug auf Versammlungsräume hat dies allerdings zu kostensparenden gemeinsamen Nutzungen von Räumlichkeiten geführt. Gerade in kleineren Ortschaften wurden oft die kommunalen oder privaten Gebäude gemeinsam von Kirche, Vereinen und der Kommune genutzt. Besonders, wenn das persönliche Verhältnis zwischen Bürgermeister und Kirchenvertretern gut war, lief das völlig problemlos. In Zeiten, in denen auch bei uns gefragt wird, welche Immobilien Kirchengemeinden noch brauchen, sind solche gemeinschaftlichen Nutzungen sicher eine gute Idee. An manchen Orten werden sie ja auch bei uns schon mit Erfolg praktiziert, etwa bei Schützenhallen, Vereinshäusern oder Pfarrheimen. In der deutschen Situation könnte die Kirchengemeinde nicht nur Nutznießer, sondern auch Anbieter von Räumen für das Gemeinwohl sein.

Die Inspirationen einer armen französischen Kirche liegen in erster Linie in Anfragen an die Selbstverständlichkeiten der wohlhabenden deutschen Kirche. Der ausgeprägte Gedanke der materiellen Schicksalsgemeinschaft fördert die Solidarität und Hilfsbereitschaft untereinander. Gleichzeitig wird deutlich, dass auch mit bescheidenen Mitteln eine lebendige Glaubensgemeinschaft möglich ist.

Die Beerdigung hält Madame Rousseau

Wie Laien Trauernde begleiten

Das Thema Priestermangel habe ich in Frankreich noch drängender erlebt als in meiner Paderborner Heimatdiözese. Vor allem was die Altersstruktur des Klerus angeht und seine internationale Durchmischung, meist mit Priestern aus den ehemaligen französischen Kolonien in Afrika, ist die Situation um einiges gravierender. Ich durfte mich für drei Monate mit meinen 50 Jahren noch einmal als „junger Priester" begrüßen lassen. Aber ich war wirklich mit 16 Jahren Differenz der Jüngste im Team und mit etwas weniger Abstand auch im Dekanat. Diese Altersstruktur hat zur Folge, dass sich seit vielen Jahren Laien in Bereichen engagieren, die woanders noch ausschließlich den Priestern vorbehalten sind. Insofern liegt hier in den französischen Pfarreien ein Erfahrungsschatz, den wir uns erst noch erarbeiten müssen, von dem wir aber lernen können.

Schon in der ersten Woche meines Aufenthalts in *St. Jacques* habe ich erlebt, dass eine trauernde Familie ins Pfarrhaus kam. Sie sprach nicht mit einem Priester sondern mit Françoise Rousseau. Sie kannte ich schon aus dem *Acceuil,* dem Empfang des Pfarrbüros. Françoise erzählte mir, dass sie selbst das Kondolenzgespräch geführt und mit der Familie den Gottesdienst für die Beisetzung des verstorbenen Ehemanns vorbereitet habe. Auf meine Nachfrage erzählte sie, dass sie zu einem Team von acht Frauen gehöre, die seit zehn Jahren den Beerdigungsdienst in den Orten der Pfarrei übernehmen. Unterstützt werden sie von noch einigen Freiwilligen, die ihnen vor allem mit der musikalischen Anleitung in den Gottesdiensten helfen. Der Bestattungsunternehmer habe ihre Telefonnummern und stimme alles direkt mit ihnen ab. Die Priester, so Françoise, würden meist nur bei schwierigen Todesfällen, wie Unfällen oder Suiziden, gerufen. Am Anfang hätten Leute aus der Gemeinde schon mal gefragt, ob denn kein Priester komme, aber heute seien sie vollkommen akzeptiert und die Menschen sehr dankbar für die Begleitung. Françoise selbst hatte damit begonnen, nachdem sie in den Ruhestand gegangen war. Es sei für sie eine sehr erfüllende, wenn auch manchmal nicht einfache Aufgabe. Bei über 400 Beerdigungen pro Jahr in der Pfarrei könnten die drei Priester ja auch sonst nichts anderes mehr machen.

An einem anderen Tag nahm ich an einem Ausbildungskurs für Männer und Frauen aus den Gemeinden teil, die anfangen wollten, im *Acceuil*, dem Empfang, ehrenamtlich zu arbeiten. Anne-Marie, die Referentin, hatte mich eingeladen, einmal mitzukommen. Dieser *Acceuil* ist in allen französischen Gemeinden eine feste Einrichtung und ermöglicht einen breiten Präsenzdienst jenseits meist kurz gefasster Öffnungszeiten eines Pfarrbüros. Der Kurs war Teil eines Fortbildungsprogramms der Diözese, um die Freiwilligen für die Aufgabe und die verschiedenen Situationen in einem Pfarreiempfang zu schulen. 20 Frauen und Männer lernten nicht nur Gesprächstechniken oder Situationstraining, sondern bekamen auch eine wirkliche geistlich-biblische Fundierung dieses Tuns. Die Situation der eingehenden Beerdigung gehörte natürlich auch dazu. In Rollenspielen und anschließenden Reflexionen wurde trainiert, wie man sich gut verhält. Die Teilnehmer sagten, dass dieser Kurs für sie sehr wichtig sei, um mit einiger Sicherheit in die neue Aufgabe zu starten.

Erstaunlich war für mich, dass in St. Jacques der Bereich der Beerdigungen und Trauerbegleitung fast vollständig von Laien übernommen wurde. Selbst wenn in den heimischen Diözesen (Paderborn gehört dazu) in den letzten Jahren begonnen wurde, Laien mit der Leitung der Beerdigungsliturgie zu beauftragen, war die Umdrehung von Regelfall und Ausnahme in diesem Punkt ein AHA-Effekt.

Zur Realität des kirchlichen Lebens gehört, dass Laien meist nicht aus theologischen Gründen neue Dienste übernehmen, sondern wegen der geringeren Zahl von Priestern. Wo diese neuen Dienste aber mit eigenem Profil gefüllt und in Verbindung mit den Priestern ausgeübt werden, kann ein neues Verständnis in der Sendung als Christinnen und Christen wachsen. Das Beispiel des Beerdigungsdienstes und der dazugehörigen Begleitung der trauernden Angehörigen durch Laien zeigt dies. Es geht letztlich um das Werk der Barmherzigkeit, Verstorbene in Würde zu bestatten. Dieses Werk wird von der christlichen Gemeinde als Ganze wahrgenommen. Dass die für den Beerdigungsdienst vom Pfarrer beauftragten Laien aus der Mitte der örtlichen Gemeinden kommen, macht dies im Erzbistum Poitiers besonders deutlich. Ich habe mit Einverständnis der Gottesdienstleiterinnen auch inkognito solche Beerdigungsliturgien besucht. Es war ein sehr würdiger Gottesdienst. Für Menschen, die oft nicht zum engeren Kreis der Gemeinde gehörten, war es eine stimmige kirchliche Begräbnisliturgie. Meine einzige Anregung für die Franzosen war, dass die Leiterinnen des Gebets auch mit liturgischer Kleidung ihren Dienst tun sollten, worauf in Parthenay verzichtet wurde. Die Erkennbarkeit kirchlichen Handelns in der Liturgie halte ich für sehr wichtig und liturgische Gewänder helfen dabei. Auf diözesaner

Ebene wird in Poitiers über diese Frage zurzeit übrigens nachgedacht. Françoise war es wichtig, dass sie eine gute Ausbildung für einen so bedeutsamen Dienst der Kirche erhalten hatten.
Die Aufgabe, Laien für ihre Dienste zu befähigen, gehört in den französischen Gemeinden und Diözesen inzwischen zu den wesentlichen Diensten der Priester und der wenigen hauptberuflich in der Kirche tätigen Laien. Ein Beispiel war der oben erwähnte ein Ausbildungskurs für Freiwillige, die im *Acceuil* arbeiten wollten.
In Rahmen der Beerdigungen stellt sich jedoch auch die Frage nach dem Seelenamt, also nach der Messfeier für den Verstorbenen. Françoise erzählte, dass viele Menschen der Kirche inzwischen so fern seien, dass sie über die Form des Wortgottesdienstes froh seien, im Wissen, dass sie sich in der Eucharistiefeier nicht mehr zurecht finden. Wenn wirklich ausdrücklich eine Messfeier gewünscht würde, stünden die Priester auch zur Verfügung. Manchmal allerdings würde dann trotzdem der Laiendienst in Anspruch genommen, weil der Priester an dem bestimmten Termin nicht konnte. Dann sei meistens der Termin für die Beerdigung wichtiger als die Form des Gottesdienstes.
In manchen Gegenden bei uns wird diese Frage nicht so einfach zu lösen sein. Aber der Umgang mit einem eigenen Requiem in den großen Pfarreien und Pastoralverbünden ist doch vielerorts ein Thema, das diskutiert wird.
Die Priester des französischen Pastoralteams brachten sich sehr unterschiedlich ein: Der Pfarrer hatte sich fast komplett aus diesem Bereich der Seelsorge zurückgezogen, die beiden weiteren Priester, die schon lange in der Pfarrei waren, haben wegen gewachsener persönlicher Bezüge zu den Familien der Verstorbenen öfters Beerdigungen übernommen. Es wurde mir gegenüber aber betont, dass dies nicht als Beerdigung erster und zweiter Klasse wahrgenommen würde, sondern wirklich als ge-

meinsamer Dienst von Priestern und beauftragten Laien an den Trauernden und Verstorbenen der Gemeinden.
Eine kurze Ergänzung zu diesem Thema noch aus dem amerikanischen Kontext. In *St. Benedict* hatte Elaine, die Pastoralreferentin, im letzten Jahr damit angefangen, immer wieder einmal das Gebet in der Kirche, aber vor allem auf dem Friedhof anzuleiten. Auch hier wurde sie dafür vom Pfarrer beauftragt. In den USA war es zudem bei vielen Familien noch üblich, ein Gebet zu halten, solange der Verstorbene zu Hause war. Hier ging Elaine immer mit dem Priester zusammen hin, wenn sie die Beerdigung hatte. Wenn auch die Anteile der von Laien vorgenommenen Beerdigungen in Chicago deutlich geringer waren als in Frankreich, so funktionierte das System in gleicher Weise gut.

Der Beerdigungsdienst durch Laien ist in vielen Diözesen der Welt erprobt und eine feste Institution. Grundlage dieses Dienstes ist ein gute Schulung der Frauen und Männer und persönliche geistliche Auseinandersetzung mit der Botschaft der Auferstehung. Für diesen wichtigen Dienst braucht es die ausdrückliche Beauftragung und auch Rückendeckung durch den Pfarrer und ein gegenseitiges Vertrauensverhältnis.

Wenn Vertrauen die Grundlage ist

Vom Zusammenspiel von Priestern und Laien

Wie gelingt ein gutes und fruchtbares Zusammenwirken von Priestern und Laien in der Kirche? Diese Frage stellt sich überall auf der Welt, besonders aber dort, wo sich die kirchliche Situation verändert und Laien mehr Verantwortung in den Gemeinden übernehmen. Der starke Rückgang der Priesterzahlen während der letzten Jahre in Deutschland zeigt das. Deswegen war ich sehr gespannt zu entdecken, wie in den USA und in Frankreich das Zusammenspiel von Priestern und Laien, die beruflich oder ehrenamtlich in den Gemeinden tätig sind, läuft. Die wichtigste Einsicht war: Ein gutes oder schlechtes Miteinander hängt primär von sehr menschlichen Fähigkeiten ab, nicht von Strukturen oder Beauftragungen. Es ist zunächst eine Frage von Persönlichkeiten – nicht nur der Priester. Dennoch kann man das Miteinander auch organisatorisch bzw. strukturell fördern. Ich möchte hier den Fokus auf die Situation im Erzbistum Poitiers richten, da hier die pastorale Situation der Gemeinden unserer ähnlicher ist als die amerikanische.

Sitzung des *Conseil Pastoral*, des Rates der Großpfarrei *St-Jacques-en-Gâtine*. Hier kommen die *Délégués Pastorals* der 26 *Communautés Locales* der Pfarrei, Vertreter von Gruppierungen und die Mitglieder des Pastoralteams zusammen. Insgesamt treffen sich um die 40 Personen. Die *Délégués Pastorals* sind die Sprecherinnen und Sprecher der örtlichen *Équipes d'Animation Pastorales*, also von Gruppen aus fünf Personen, die verantwortlich das kirchliche Leben in

den einzelnen Ortsgemeinden der Pfarrei gestalten. Die *Délégués Pastorals* sind für eine Amtszeit von drei Jahren damit beauftragt, das Wirken des örtlichen Teams zu koordinieren und die Verbindung zu den Gemeinden und dem Pastoralteam auf der Ebene der Pfarrei zu halten. Vor Ort sind sie das Gesicht der Kirche. Ich finde hier im *Conseil Pastoral* eine, was die Geschlechter angeht, ausgewogene Gruppe vor. Hinsichtlich des Alters ist ein klarer Schwerpunkt zwischen sechzig und siebzig festzustellen, wenn auch das Spektrum von 30 bis 85 Jahren reicht. Die einzelnen Delegierten berichten von ihren örtlichen Situationen und ihren Aktivitäten: Gestaltung von Anbetungsstunden, Festvorbereitungen, Neuformierung einer Liturgiegruppe, Diskussionsrunden zur gerade stattfindenden Diözesansynode zur Glaubensweitergabe an die nächste Generation, etc. Auch die Vertreter der Einrichtungen und Verbände berichten, z. B. aus der Behindertenarbeit oder der Gruppe *CMR (Catholics du Monde Rural* – Katholiken auf dem Land*).* Père Gérard moderiert die Sitzung, gibt Informationen aus der Pfarrei und der Diözese. Manche Berichte werden kommentiert oder positiv hervorgehoben.
Im zweiten Teil der Sitzung wird ein gemeinsames Projekt der Gesamtpfarrei vorgestellt: zwei Tage will man Menschen einladen, das Stück des Jakobsweges mitzugehen, das quer durch das Gebiet der Pfarrei führt. Die Vorbereitungsgruppe stellt es mit einer PowerPoint-Präsentation vor und motiviert alle, vor Ort Werbung zu machen und auch dort wo nötig, Aufgaben zu übernehmen. Die Leitung dieses Projekts hat eine Gruppe von Menschen aus der Gemeinde, das Pastoralteam wird regelmäßig über den Stand informiert. Nur in der Teilgruppe zur Vorbereitung der geistlichen Stationen auf dem Weg ist mit Père Jacques, dem Kaplan, ein Priester dabei.

Montag der Karwoche: Priestertag in Poitiers mit abschließender Feier der Chrisam-Messe in der Kathedrale Saint Pierre. Ungefähr sechzig Priester kommen zunächst im *Maison diocésaine*, dem diözesanen Zentrum, zusammen, auch die drei Seminaristen der Diözese sind dabei. Ich habe hier die Gelegenheit, einen großen Teil des Klerus im Erzbistum Poitiers kennenzulernen, was in offener Atmosphäre beim Aperitif schnell gelingt. Wieder finde ich mich eindeutig im jüngeren Alterssegment wieder. Auffallend ist die hohe Anzahl der afrikanischen Mitbrüder. Durch die historischen Kontakte mit den ehemaligen französischen Kolonien und die dadurch bedingte gemeinsame Sprache arbeiten einige Priester aus Madagaskar, Kamerun, Kongo oder dem Senegal in den Gemeinden.
Der Erzbischof Pascal Wintzer nutzt die Gelegenheit, um mit den Priestern seiner Diözese im Gespräch zu sein. Auch mich begrüßt er persönlich, heißt mich willkommen und wünscht mir eine gute Zeit in Poitiers. Dann berichtet er zusammen mit dem Generalvikar Jean-Paul Russeil über aktuelle Themen im Bistum, wie zum Beispiel über den Stand der schon erwähnten diözesanen Synode zur Weitergabe des Glaubens an die nächste Generation. Schließlich verteilt Erzbischof Wintzer einen mehrseitigen Brief an alle Priester, den die fünf Bischöfe der Kirchenprovinz Poitiers gemeinsam verfasst haben. Darin geht es um die aktuellen Perspektiven für den priesterlichen Dienst in den Diözesen. Die anschließende Feier der Chrisam-Messe in der Kathedrale geschieht unter guter Beteiligung der Gläubigen. Ich fühle mich jedenfalls freundlich aufgenommen und spüre, dass ein solcher Tag gut ist für das gemeinsame Wirken in der Diözese.

In den beiden geschilderten Situationen sind mir in Bezug auf das Zusammenspiel von Priestern und Laien zwei Punkte besonders aufgefallen. Das erste ist die Eigenverantwortung, mit der die *Délégués Pastorals* ihre Aufgaben in den örtlichen Gemeinden wahrnehmen, bei gleichzeitiger Verbindung mit den Priestern und anderen Laien in der Pfarrei. Beim Priestertag hat mir die Rückbindung an die gemeinsame Sendung als Priester in der Fläche der Diözese gefallen. Den sehr vertrauten und unkompliziert wirkenden Umgang des Bischofs mit den Priestern zu erleben, war wohltuend.

Der Schlüssel für ein fruchtbares Zusammenspiel von Priestern und Laien in den Gemeinden findet sich weniger in theologischen Abgrenzungen, sondern vielmehr in bestimmten Grundhaltungen, die gelebt werden. In der Pfarrei rund um Parthenay hatte ich den Eindruck, dass ich hier ein gelingendes Beispiel erleben durfte. Einmal fragte ich Père Gérard, was für ihn das Wichtigste in dieser Hinsicht sei. Er antwortete: „Nicht Konkurrenz prägt unser Wirken, sondern Kooperation und gegenseitiges Vertrauen." Dazu gehören ein paar wichtige Grundannahmen. Zunächst, die Einsicht, dass in der Taufe alle Christen eine sakramentale Grundlage für ihr Handeln besitzen. Gleichzeitig ist die Akzeptanz der verschiedenen Dienste und Charismen in der Kirche wesentlich. Dabei geht es nicht nur um die Polarität Priester und Laien. Die Akzeptanz der Vielfalt kirchlicher Dienste ist ebenfalls maßgeblich: Priester, Diakone, Männer und Frauen geweihten Lebens, Menschen in kirchlichen Berufen und Missionen, Laien mit bischöflichen Beauftragungen oder in Verantwortung für Bereiche in den Gemeinden. Im Zusammenführen dieser unterschiedlichen Wege, für Christus und die Kirche zu wirken, besteht die Kunst pastoraler Arbeit. Sicher, dass es immer weniger Priester und immer weniger praktizierende Katholiken gibt, hat auch in Frankreich die gewohnten Muster und somit das Zusammenspiel verändert. Vertrauen und Kooperation werden immer wichtiger in der gemeinsamen Arbeit. Viele Laien haben in den vergangenen Jahren gelernt, wirklich – und nicht nur scheinbar – Verantwortung für das Leben in der Gemeinde zu übernehmen. Viele Priester haben festgestellt, dass sie manche Dinge vertrauensvoll wirklich delegieren konnten. In Poitiers hat man in den letzten zwanzig Jahren ein Modell in den Gemeinden entwickelt, bei dem Laien verantwortlich örtliches Leben gestalten. In jeder Kirche findet man den Aushang mit Fotos der *Équipe d'Animation Pastorale*. Diese Gruppe besteht aus fünf Personen, die auf der Ebene der örtlichen Gemeinde arbeiten und für die einzelnen Säulen kirchlichen Lebens stehen: ein Verantwortlicher für Gebet und Liturgie, ein weiterer für Katechese und Glaubensweitergabe, einer für das caritative Wirken und schließlich der Verantwortliche für die materiellen Dinge und der *Délégué Pastoral*, also der Sprecher des Teams. Zumindest die drei ersten haben jeweils eine weitere Gruppe hinter sich, mit der sie zusammen arbeiten. In der Pfarrei St. Jacques gab es 26 dieser lokalen Gruppen, die vor Ort wirkten, allerdings auf Ebene der Pfarrei gut vernetzt waren. Die drei Priester im aktiven Dienst, standen in gutem Kontakt mit den Teams, ließen sie aber sehr eigenständig arbeiten. Sie wurden vor allem um Begleitung angefragt, wenn Probleme auftauchten, wenn Menschen persönlichen Rat brauchten oder besondere Projekte anstanden. Die Rolle der Priester in diesen großflächigen Pfarreien hat mir Generalvikar Russeil im Gespräch so beschrieben: Die Priester sind Ratgeber und Ausbilder und diejenigen, die Lebendigkeit fördern und Mut machen. Dazu nannte er den Begriff des „*ministère itinérance*". Gemeint ist damit ein Dienst der Wegbegleitung und Verkündigung oder eines Amtes auf Wanderschaft. Das entspricht dem Dienst im Sinne des Apostels Paulus, der unterwegs ist, Zeugnis für das Evangelium ablegt und immer wieder ermutigt, aber auch Fehlentwicklungen anmahnt. Dazu feiert der Priester in den Sakramenten inmitten der Gemeinde, aber an wechselnden Orten die lebendige Gegenwart Christi. Gleichzeitig ist er Bindeglied zwischen den einzelnen Teilen der Gemeinde, derjenige, der die Einheit verkörpert, aber auch gleichzeitig darauf verweist, dass Kirche und Volk Gottes immer mehr ist als eine Dorfgemeinschaft oder ein Ortsverein.

Ich habe bei den Menschen in meiner Gastgemeinde ein hohes Maß an Engagement und auch geistlicher Fundierung für ihr Tun erlebt. Natürlich gab es auch Sorgen um die weitere Entwicklung angesichts einer verstärkt säkularen Gesellschaft. Diese Entwicklung ist in Frankreich durch das staatliche Prinzip der Laizität noch gravierender als in Deutschland. An manchen kleineren Orten ging es darum, in Treue die Basisdienste des kirchlichen Lebens aufrecht zu erhalten. Ich habe aber auch erlebt, dass sich neue Wege eröffnen, wenn Menschen bereit sind, Verantwortung zu übernehmen und sie dabei von den Priestern gefördert und ermutigt werden.

Eine Bemerkung möchte ich noch zum schon erwähnten Brief der Bischöfe der Kirchenprovinz Poitiers an ihre Priester sagen. *(Link zum Originaltext s. Literaturhinweise)* Er ist eine Ermutigung angesichts einer schwierigen Lage der Kirche, in manchen Teilen aber auch ein Eingeständnis begrenzter Möglichkeiten angesichts einer weiter sinkenden Zahl von Priestern und Gläubigen. Trotzdem war es den Bischöfen wichtig, den Priestern eine persönliche Entwicklung in ihrem Dienst zu ermöglichen durch Austausch mit anderen Diözesen, durch das Angebot kommunitären Lebens oder durch – zumindest zeitweise – seelsorgerisches Wirken jenseits der Pfarrei. Dies geschieht mit der Einsicht, dass missionarisches Wirken nicht allein in Pfarrseelsorge stattfindet, sondern sich in der Kirche immer in einer Bandbreite von Diensten verwirklicht hat. Für manche Menschen in den Gemeinden heißt das allerdings, dass aktuell noch weniger Priester in den Pfarreien eingesetzt werden können. Umso bedeutender ist die vertrauensvoll übertragene Verantwortung an Laien in den Gemeinden.

Die Grundlage eines fruchtbaren Zusammenspiels von Priestern und Laien ist das Bewusstsein, gemeinsam von Christus gerufen und gesandt zu sein. Die Anerkennung der je eigenen Aufgabe und das Vertrauen ineinander sind Grundlage des gemeinsamen Wirkens in den Gemeinden. Die Priester sind dabei vor allem diejenigen, die befähigen, beauftragen, bestärken, begleiten und die Gegenwart Christi im Handeln der Kirche sakramental verkörpern.

Und alle drei Monate ist hier Sonntagsmesse

Wie das Leben in einer Pfarrei mit 55 Kirchen geht

Durch die Schaffung neuer Strukturen in den Diözesen entstehen oft große Territorien des pastoralen Wirkens. Dabei können kirchenrechtliche Pfarreien gegründet werden oder Verbünde von Pfarreien entstehen. Für manche Fragen der Seelsorge ist dies jedoch irrelevant. Die Hauptfrage ist, wie in solchen Gebieten eine fruchtbare Pastoral gemacht werden kann. Wie in der Einführung schon beschrieben, wurden im Erzbistum Poitiers 2014 alle bisherigen Gemeinden in 28 neuen Pfarreien zusammengefasst. Meine Gastpfarrei St. Jacques war darunter eine der größten in Bezug auf Ausdehnung und Anzahl der Kirchtürme. So stellte sie ein gutes Lernfeld für Seelsorge in der Fläche dar.

Als ich neu in die Pfarrei St-Jacques-en-Gâtine kam, brauchte ich vier Dinge, um mich orientieren und Sonntagsgottesdienste feiern zu können: eine Karte mit den Kirchorten der Pfarrei, den Dienstplan mit den Gottesdiensten und Zelebranten, die Email-Adressen der Liturgiegruppen in den Ortsgemeinden und den Routenplaner von Google-Maps. So ausgestattet war ich in der Lage, meinen Dienst als unterstützender Priester in der Pfarrei zu tun. Die Karte zeigte mir, welche Dörfer in den *Communautés Locales*, den Ortsgemeinden, zusammengefasst waren und somit auch gottesdienstlich zusammenhingen. Vor allem nach einigen Wochen war das hilfreich, denn ich konnte mich schon darauf einstellen, welche Leute ich wahrscheinlich treffen würde. Der sehr komplexe Dienstplan zeigte mir das Tableau der Gottesdienste, wer wo im Einsatz war und auch, wo besondere Feiern wie Erstkommunion oder Patronatsfeste begangen wurden. Dank der Emailadressen der Liturgiegruppen erfuhr ich alles Nötige für die Gestaltung der Gottesdienste. Die Liturgien wurden komplett mit Liedern und Texten vor Ort von den Gruppen vorbereitet und ich bekam die Pläne zugeschickt und konnte mir dann Gedanken zur Predigt machen. Schließlich servierte mir Google Maps die Entfernungen und Fahrzeiten zu den Kirchen. So konnte ich genügend Anreisezeit einplanen. Das wichtigste Handwerkszeug zum Arbeiten in einer Pfarrei neuen Stils hatte ich damit entdeckt.

Sonntagmorgen, 9.00 Uhr in Saurais, einem kleinen Dorf von etwa 200 Einwohnern. Ich bin eingeteilt für die Messfeier in der Kirche, die einen etwas morbiden Charme hat. Feuchtigkeit und bröckelnder Putz bestimmen die Grundatmosphäre. Die kleine Kommune, die ja für die Kirche zuständig ist, hat augenscheinlich nicht viel Geld. Oder es wird an anderer Stelle ausgegeben als im Kirchengebäude. 18 Gläubige sind gekommen, um heute hier ihren Sonntagsgottesdienst zu feiern, der nach drei Monaten wieder einmal in Saurais stattfindet. Von diesen 18 Personen sind zumindest vier aus dem Liturgieteam, unter denen eine ältere Dame vorsingt, ein älterer Herr Keyboard spielt und eine weitere Frau den Dienst der Lektorin übernimmt. Sie haben die Messe gut vorbereitet, geben sich wirklich Mühe und machen ihre Sache auch gut. Von einigen anwesenden Leuten weiß ich inzwischen, dass sie aus anderen Orten kommen, aber die frühe Uhrzeit mögen. Schließlich ist eine Familie im Gottesdienst, sogar mit einer jüngeren Tochter. Augenscheinlich ist diese Familie Geber der heutigen Messintention für ihre Verstorbenen. Der Gesang ist erwartungsgemäß recht spärlich und da ich die meisten französischen Kirchenlieder nicht kenne, kommt von mir als Zelebranten auch nur wenig Unterstützung. Zwischendurch denke ich, was dem jungen Mädchen jetzt wohl im Erleben dieser doch sehr bemühten Messfeier, in der es mit 35 Jahren Abstand die Jüngste ist, durch den Kopf geht. Als ich nach diesem Gottesdienst die Kirche verlasse, scheint Gott sei Dank die Sonne und ich muss erstmal tief durchatmen. Wenn wir in der Liturgie das Leben feiern, das Gott uns in Jesus Christus geschenkt hat, dann war das hier nur schwer zu erspüren. Glücklicherweise habe ich an diesem Morgen zwei Stunden später noch einen zweiten Gottesdienst, der als Familiengottesdienst gestaltet war mit mehreren Kindern und einem deutlich höheren Maß an Lebendigkeit und Glaubensfreude.

In großen pastoralen Gebieten ist vor Ort gefeierter Sonntagsgottesdienst allein noch kein Wert. Auch eine vorhandene historische Kirche allein ist noch kein Grund für Strahlkraft. Es braucht Menschen, die ihren Glauben feiern und dies in Gemeinschaft tun wollen. Manchmal ist dabei guter Wille allein nicht ausreichend, um die Lebendigkeit des Glaubens erfahrbar werden zu lassen, auch wenn der Herr gegenwärtig ist, wo zwei oder drei in seinem Namen versammelt sind.

Das Leben in den neuen großflächigen Pfarreien oder Pastoralen Räumen ist immer von der Frage begleitet: Was hat seinen Ort in der lokalen Gemeinde und welche Themen gehören auf die überörtliche Ebene? Was wird dezentral gefeiert und wo ist eine Zusammenführung sinnvoll? Das betrifft alle Fragen der Pastoral und ist eine echte Herausforderung. Für mich ist dabei eine wichtige Frage: Was dient der Lebendigkeit der christlichen Gemeinde? Diese Frage kann immer nur im konkreten Zusammenhang beantwortet werden. Eines ist allerdings fast überall gleich: Das pastorale Personal ist beauftragt, den ganzen Bereich im Blick zu haben, selbst wenn nicht alle überall eingesetzt sind.

Am Beispiel der Pfarrei St. Jacques möchte ich einige Punkte benennen, die mir als gut aufgefallen sind, aber auch ein paar Anfragen stellen, die sich mir aufgedrängt haben. Insgesamt hatte ich den Eindruck, dass die Balance zwischen lokal und zentral gut gehalten wurde. Die Kinderkatechese wurde lokal durchgeführt, aber zentral konzipiert. Die Finanzen wurden zentral verwaltet in einem gemeinsamen Budget für alle, aber die lokalen Teams hatten gewisse Summen zur freien Verfügung. Anlaufstellen mit einem *Acceuil* gab es an mehreren Stellen der Pfarrei, aber das Pfarrbüro mit Archiv und dergleichen war zentral. Die wichtigsten Gremien, die *Équipes d'Animation Pastorale,* trafen sich vor Ort, aber im Pastoralrat der Pfarrei waren sie gut überörtlich vernetzt. Die Priester waren grundsätzlich überall im Einsatz und doch hatte jeder seinen Schwerpunkt-Bezirk. Das Alltägliche wurde in der Fläche gelebt und bei besonderen Anlässen gab es eine Großveranstaltung an einem Ort, um die Verbundenheit erlebbar zu machen. In Parthenay waren das zum Beispiel der Abendmahlsgottesdienst am Gründonnerstag oder der schon erwähnte Pilgerweg durch die Pfarrei. Ich habe den Eindruck, dass die Gemeinden dort seit 2014 sehr gut unterwegs waren, um die Balance zwischen örtlicher Gemeinde und großer Pfarrei fruchtbar zu gestalten und dabei zu schauen, was dem Leben dient.

Ein Thema, das naturgemäß etwas problematischer ist, sind die Sonntagsgottesdienste. Da bei 55 Kirchen und drei aktiven Priestern plus zwei Pensionäre immer nur in einem Teil der Kirchen die Eucharistie gefeiert werden

kann, heißt das Wechsel, Rotation, Komplexität. Dabei habe ich einen Aspekt als sehr positiv erlebt. Erzbischof Wintzer hat bei der Errichtung der Pfarreien gewünscht, dass an einigen größeren Orten jeden Sonntag immer zur selben Zeit die heilige Messe gefeiert werden soll. In einer Zeit, in der viele Christen unregelmäßig am kirchlichen Leben teilnehmen und die innere Organisation der Kirche nicht mehr kennen, war es ihm wichtig, dass es in jeder Pfarrei Verlässliches gibt. In bestimmten Kirchen sollten die Menschen immer einen Anlaufpunkt finden ohne vorher Pfarrnachrichten lesen zu müssen. Diese Gottesdienste waren auch die am besten besuchten, in denen sich auch musikalisch und liturgisch etwas entwickeln konnte. Um diese Fixpunkte herum gruppierten sich dann die restlichen Gottesdienste im Wechsel zwischen den kleineren Kirchen. Das hatte zur Folge, dass manche der kleinen Orte nur alle zwei bis drei Monate in ihrer Kirche eine Sonntagsmesse feierten. In einigen Ortsgemeinden gab es Gruppen, die auch einen Wortgottesdienst am Sonntag feierten, allerdings nicht immer und überall. Diese sonntäglichen Messfeiern habe ich als sehr zwiespältig erlebt. Bewusst habe ich oben eines der kritischen Erlebnisse erzählt. Hier hatte die versammelte Gemeinde etwas von den letzten zehn Gerechten, die noch tapfer durchhalten, aber nur wenig von lebendiger Glaubensgemeinschaft. Ich habe mich schon gefragt, ob es nicht besser wäre, diese Kirchen zu schließen, wenn die Gruppe der Gläubigen zu klein wird oder auch das Gebäude in einem Zustand ist, der keine sakrale Atmosphäre mehr zulässt. Würde es der Vitalität nicht dienen, hier das letzte Stück christlichen Grünlands der Wüste zu überlassen und die verbleibenden Pflänzchen umzusiedeln, wo sie bessere Chancen haben zu erblühen?
Es gab auch andere Gottesdiensterfahrungen in den Dörfern, aber meistens nur, wenn die Messfeiern in Verbindung mit einem anderen Ereignis stattfanden, das

Menschen angezogen hat: Einmal war es eine Taufe im Sonntagsgottesdienst, ein anderes Mal eine Familienaktion, wieder ein anderes Mal eine *„Fête du pain"*, ein Dorffest rund um das Brot und die Leckereien aus der Landwirtschaft. In diesen Verbindungen mit den Lebensvollzügen der Dörfer hatte ich den Eindruck, dass die Eucharistiefeier die Menschen noch einmal auf einer anderen Ebene zusammenführte und so dem Leben und Glauben diente. Da war es dann auch egal, ob an den letzten fünf Sonntagen vorher in dieser Kirche nichts stattgefunden hatte.
Mir wurde jedenfalls eines wieder deutlich: die Strukturfrage ist in vielen Teilen sekundär. Wenn eine Pfarrei so groß ist wie in St-Jacques-en-Gâtine, dann erfordert das eine andere Arbeitsweise, als wenn vier städtische Gemeinden den Rahmen bilden. Die Struktur gibt einen Rahmen, ein Gerüst, in dem kirchliches Leben stattfinden kann, ist aber kein Garant für Vitalität. Das Entscheidende ist, ob es Menschen gibt, die ihren Glauben leben wollen, sich dafür einsetzen und Gemeinschaft im Glauben suchen. Es ist wichtig, dass auch eine kleinere Zahl an praktizierenden Christen nie aufhört, Menschen zu rufen. Das Bestreben, diejenigen zu erreichen, die sonntags nicht da sind, darf nicht versanden, der missionarische Auftrag nicht aufgegeben werden. Die begrenzte Amtszeit der Ämter in der *Équipe D'Animation Pastorale* dient genau diesem Gedanken: nie aufhören, Menschen zu rufen. Dort, wo diese Menschen sind, kann auch örtlich Glaube gelebt werden. Zeitgenossen, die im Glauben suchen, werden immer solche Orte der Vitalität aufsuchen. Dort wo keine praktizierenden Christen mehr vorhanden sind oder der Impuls des Rufens aufgegeben wird, stirbt christliches Lebens aus. Und das hängt dann auch nicht an der Frage der Anzahl der Priester und ist in Frankreich nicht anders als in Deutschland. Der Unterschied in Deutschland ist allerdings, dass durch die materiellen

Möglichkeiten manches an fehlender Lebendigkeit verschleiert wird.

Das Leben und Arbeiten in Pfarreien mit großen Territorien verlangt nach einer guten Balance zwischen lokalem und überörtlichem Glaubensleben, um fruchtbar zu wirken. Dabei ist eine wichtige Leitfrage: Was dient in welcher Situation der Lebendigkeit von Gemeinde? Nur eine Kirche, die in ihren Gottesdiensten als Lebensort erfahren wird, hat missionarische Strahlkraft.

Zwischen Burger-Bude und Haute Cuisine

Esskultur und Eucharistie – eine Wechselwirkung?

Manche haben mich gefragt: Was war der größte Kontrast zwischen deinem Aufenthalt in Chicago und in Parthenay? Ich habe dann immer zwei Punkte angeführt. Zunächst war es der Wechsel von einer amerikanischen Mega-City auf das platte bzw. hügelige französische Land. Mehr Kontrast ging nicht: auf der einen Seite eine Millionenstadt mit pulsierendem Leben, bunter Bevölkerung, tausenden Touristen und unendlichen kulturellen Höhepunkten und auf der anderen Seite Dörfer mit 200 Einwohnern, verschlungene Landstraßen, Rinder und Schafe auf den Weiden und eine Kleinstadt, die ab 20 Uhr völlig ausgestorben war. Der andere, genauso krasse Kontrast war das Essen. Das Geburtsland der Fast-Food-Kultur auf der einen Seite und andererseits das Land, dessen kulinarische Kunst seit 2010 immaterielles Weltkulturerbe der UNESCO ist. Diesen Unterschied in der Esskultur konnte ich wortwörtlich am eigenen Leibe erfahren. Ob und wenn ja welche Auswirkungen das auf das geistliche Leben hat, dem möchte ich in diesem letzten Kapitel der Geschichten aus dem Leben nachgehen, sozusagen zum Dessert.

Bei meiner Ankunft im Pfarrhaus in Chicago wurden mir die Küche und der riesige Kühlschrank gezeigt mit der Aufforderung, mich zu bedienen, wenn ich etwas essen wollte. Im Kühlschrank fand ich Toast-Pakete (sicher fünf Wochen haltbar), Scheibenkäse, Schinken und diverse Boxen mit den fertig gekochten Mahlzeiten. Im Gefrierschrank daneben ausreichend Fertig-Pizza für alle Fälle. Auf dem Küchentisch sammelten sich Schachteln mit Muffins, Donuts oder ähnlichem zuckersüßem Gebäck, die irgendjemand aus dem Team mitbrachte und die zum allgemeinen Verzehr da waren. Als ich nach gemeinsamen Mahlzeiten fragte, sagte Father Jason mir, dass dreimal in der Woche abends Anita komme und koche, jedenfalls, wenn mindestens zwei von uns Priestern da seien. Die Realität zeigte, dass es einmal pro Woche stattfand. Im Verlauf der Zeit lernte ich, dass nicht gefrühstückt wurde. Der Pfarrer holte sich beim morgendlichen Rundgang mit dem Hund einen XXL-Becher Kaffee bei Dunkin' Donuts. Mittags war ich auch irgendwie der einzige, der sich in der Küche aufhielt und fing mir spitze Bemerkungen ein, dass ich schon wieder essen würde. Die anderen aßen am Schreibtisch bzw. unterwegs ein Sandwich, einen Fertigsalat oder gingen zu McDonald's. Es kam schon mal vor, dass spontan jemand aus dem Team fragte, ob einer Hunger habe. Dann gingen wir schnell zu „Chicago Joe" gegenüber, um den obligatorischen Burger mit Pommes oder einen Salat, der allerdings mindestens für zwei Personen ausreichte, zu essen. Das Ganze durfte aber nicht länger als vierzig Minuten dauern. Esskultur? Fehlanzeige! Bei der Nahrungsaufnahme sind zwei Dinge wichtig: schnell und viel. In den Supermärkten ist die Bandbreite der verzehrfertigen Lebensmittel riesengroß. In Restaurants konnte ich das Gericht fast nie aufessen, lernte aber schnell, dass die Kellner die Plastikschachteln zum Einpacken fast automatisch an den Tisch bringen.

Ortswechsel Frankreich: Schon bei meiner Ankunft war die erste Frage, ob ich denn schon etwas gegessen habe. Diese Sorge um mein kulinarisches Wohlbefinden zog sich durch die Wochen meines Aufenthalts. Der Garten hinter dem Pfarrhaus wurde bewirtschaftet und ich wurde aufgefordert, mich in den Gemüsebeeten zu bedienen. Saisonbedingt hatte ich in den Wochen zuerst frische Radieschen und später dann Erdbeeren. Vom ersten Tag an erhielt ich Einladungen aus der Gemeinde zum Essen, meist mittags, manchmal auch abends. Auch die anderen Priester waren fast jeden Tag bei verschiedenen Familien der großen Pfarrei zu Gast. In meiner Terminplanung lernte ich schnell, dass ich diese Einladungen nur annehmen konnte, wenn ich ein Zeitfenster von drei Stunden frei hatte. Kürzer ging es nämlich in der Regel nicht, was nicht nur an den vielen Gängen vom Aperitif bis zum Café lag, sondern, dass das Wichtigste beim Essen die Konversation war. Gerade werktags dachte ich oft, dass ich zu Hause dafür gar keine Zeit hätte. Schnell merkte ich aber, dass für Père Gérard diese Mahlzeiten ein wichtiger Ort der Seelsorge waren. In dem großen Territorium der Pfarrei nahm er sich hier die Zeit für die Menschen. Auch ich selbst merkte, wie schnell ich die Leute aus der Gemeinde an ihren Tischen kennenlernte. Das gemeinsame Mahl war ein wertvoller Ort der Gemeinschaft und des geteilten Lebens. Dass ich dadurch gleichzeitig tiefe Einblicke in die Vielfalt der französischen Küche bekam, war ein wunderbarer Nebeneffekt. Die problematische Seite dieser Art von Seelsorge zeigte nachher meine Waage an: vier Kilo Gewichtszuwachs in drei Monaten sind doch ein buchstäblich schwer wiegendes Argument gegen die dauerhafte Fortführung dieses pastoralen Konzepts...

Esskultur ist Ausdruck einer Lebenseinstellung und durchzieht den Alltag. Die Art und Weise, wie ich esse und Tischgemeinschaft pflege, sagt auch etwas über meine Werte aus. Interessant ist, dass die eigene deutsche Esskultur sich in beide Richtungen verändert hat: im Alltagsleben in Richtung Amerika, bei besonderen Anlässen eher nach französischer Art.

Der Grund, warum ich dieses Thema hier aufgreife, liegt eine Ebene tiefer. Wenn der christliche Glaube im Zentrum seines religiösen Lebens eine Mahlfeier hat, dann muss die Esskultur in einem Land Auswirkung auf das geistliche Leben haben. Im heimischen Kontext habe ich in den letzten Jahren vermehrt festgestellt, wie schwer es zum Beispiel geworden ist, Kindern in der Erstkommunionvorbereitung etwas von der Gemeinschaft mit Jesus im Mahl zu vermitteln, wenn die alltägliche Erfahrung von familiärer Gemeinschaft am Küchentisch fehlt. Was kann also die amerikanische und französische Kultur in diesem Zusammenhang an Impulsen geben?

Zugegeben, aus dem amerikanischen Kontext habe ich in puncto Esskultur und Glaubensleben nicht ganz so viele Anregungen mitgenommen. Ein Phänomen, das man als negative Folge der Fast-Food-Gesellschaft einordnen könnte, ist die wahrnehmbare Zahl von Menschen, die zur Messe ziemlich verspätet kommen und direkt nach dem Kommunionempfang die Kirche verlassen. Selbst bei einigen treuen Besuchern der Werktagsmessen gab es diese Unsitte. Die Feier der Eucharistie wurde hier ganz stark auf den Empfang der Kommunion reduziert. Der Rest der Liturgie war für diese Gläubigen offensichtlich weniger wichtig, so dass sie nach dem Mahl sofort gingen.

Der positive Impuls, den ich aus den USA für die eucharistische Praxis erhalten habe, ist der Gedanke der Lebensfülle. Im liturgischen Bereich habe ich erlebt, dass in fast allen Eucharistiefeiern die Kommunion unter beiden Gestalten ausgeteilt wurde. Das heißt, auch im normalen Sonntagsgottesdienst war die ganze Gemeinde eingeladen, den Leib und das Blut Christi zu empfangen. Die Kelchkommunion für alle war nicht nur in St. Benedict fester Bestandteil der Liturgie. Die praktischen Fragen – von Kalkulierbarkeit der Menge oder Hygiene –, die bei uns oft kritisch gestellt werden, hatten nicht das gleiche Gewicht. Durch den Einsatz von genügend Kommunionhelfern wurde allen ermöglicht, Christus in der vollen Gestalt des Mahles, also in den Zeichen von Brot und Wein zu empfangen. Ich habe diese Praxis als geistlich sehr wohltuend erlebt.

Der zweite positive Impuls, den ich unter dem Stichwort „sich verschenkender Lebensfülle" anführen will, ist die große Bereitschaft, Nahrung für andere bereitzustellen. Zu vielen Charity-Aktionen wurde Essen gebracht. Das fing an mit Sandwiches, die gespendet wurden, um an Hilfsbedürftige an der Pfarrhaustür gegeben zu werden. Es reichte bis zu den großen Dinner-Einladungen für Arme an der drei großen Festen Ostern, Thanksgiving und Weihnachten. Essen war das Zeichen der Fürsorge und Gastfreundschaft, besonders für diejenigen die Hilfe nötig haben. Bei den Festtagsessen war es wichtig, dass wir vom Pastoralteam dazwischen waren und die Tischgemeinschaft teilten, wenn auch nur für kurze Zeit. Die Crew der Freiwilligen sorgte sich um das Catering, aber wir sollten in der Gemeinschaft am Tisch erfahren lassen, dass wir nicht nur für die Bedürftigen, sondern mit ihnen das Fest feierten. Diejenigen, die vorher die Messfeier besucht hatten, haben, denke ich, die Brücke zwischen vom Altar als Tisch der Eucharistie zum Tisch des Mittagessens als Ort der Gemeinschaft gespürt.

Die französische Art zu Essen zeigt einen tiefen Sinn für den Wert der Nahrung und der Tischgemeinschaft. Selbst wenn natürlich auch alle nicht christlich geprägten Franzosen diesen Stil pflegen, sehe ich hier ein echtes Beispiel geteilten Lebens, bei dem Christus gegenwärtig ist. Die vielen Evangelien weisen uns darauf hin. Sie überliefern eine Reihe Mahlgeschichten über Jesus. Es scheint ja geradezu ein Markenzeichen Jesu gewesen zu sein, so dass er als Fresser und Säufer beschimpft und als einer angefeindet wurde, der mit den Sündern Mahl hält. Das

letzte Abendmahl ist dann der testamentarische Höhepunkt.
Was mich in Frankreich besonders beeindruckt hat, ist die Zeit, die sich für die Tischgemeinschaft genommen wird. Manchmal so viel, dass man als Teutone schon anfängt, mit den Füßen zu scharren oder in Folge der begleitenden alkoholischen Getränke in einen leichten Dämmerzustand fällt. Trotzdem habe ich einen tiefen Kern dieser Pastoral *autour de la table*, also der Seelsorge am Tisch gespürt. Im Kreis der Priester haben wir uns einmal in der Woche zum ausführlichen Mittagessen getroffen. Gerade, wenn man verstreut in einer so großen Pfarrei lebt und arbeitet, waren diese Zusammenkünfte bei Tisch unheimlich wertvoll für die brüderliche Gemeinschaft. Die Gastfreundschaft, das Willkommen, die Begegnung und das Teilen des Lebens im Gespräch lassen etwas von dem Geist Gottes erfahren, der die Herzen bewegt. Außerdem habe ich gemerkt, dass die Feier der Eucharistie sich innerlich verändert, wenn ich mit den Mitfeiernden auch schon die häusliche Tischgemeinschaft geteilt habe. Dieses Gefühl ist vielleicht besonders stark, wenn man als Fremder, wie ich es an beiden Orten ja war, in eine bestehende Gemeinschaft hineinkommt. In der Gemeinde einen „offenen Tisch" anzubieten, ist also mehr als Nahrungsversorgung, es ist das Angebot, die Liebe Christi mit den Gaben seiner Schöpfung in Gemeinschaft zu feiern. Eine sehr schöne Weise des christlichen Lebens!

Essen ist mehr als Nahrungsaufnahme. Der Tisch des gemeinsamen Mahles und der Altar als Tisch des Mahles mit Christus haben eine tiefe Verbundenheit. So wird das gemeinsame Essen zu einem Ort der Seelsorge, des geteilten Lebens und der Freude an Gemeinschaft.

Als Jünger Jesu in der Welt leben

Im letzten Teil möchte ich noch einen grundlegenderen Gedanken aufgreifen, dessen Relevanz ich während meiner Zeit als Kundschafter neu entdeckt habe. In beiden Ländern wurde die Idee des christlichen Lebens als „missionarische Jünger" intensiv erörtert. Ausgangspunkt war das Apostolische Schreiben „Evangelii Gaudium" von Papst Franziskus, in dem er diesen Begriff prägt. Er spielte in den USA und in Frankreich eine wichtige Rolle für eine innere Erneuerung der Kirche. Im diözesanen Prozess *„Renew my church"* (Erneuere meine Kirche) in Chicago ist der Begriff *discipleship*, also Jüngerschaft, sehr zentral. In Frankreich ist die Frage, was heißt es, Jünger Jesu zu sein, Thema bei verschiedenen Diözesansynoden. So lautete in der Erzdiözese Bordeaux das Leitwort *„Former des disciples missionaires"* (Missionarische Jünger bilden), im Bistum Angers *„Demain tous disciples missionaires"* (Morgen alle missionarische Jünger). Bei allen Unterschieden in den beiden Ländern lautete die Kernfrage: Wozu sind wir als Christen da und was zeichnet die Lebendigkeit christlichen Lebens aus?
Da diese Überlegungen auch zu meinen Inspirationen als Kundschafter gehören, möchte ich sie hier darlegen. Da sie nicht an irgendwelche Ereignisse gebunden sind, sondern eher in Schriften, Vorlesungen und Predigten vorkamen, verlasse ich mein Vier-Punkte-Format in den Kapiteln des vorigen Teils. Ich versuche, drei Thesen zu skizzieren, die für mich wesentlich geworden sind.

1. Werde immer mehr ein Jünger!

Jesus hat Jünger um sich geschart. Am Anfang dieser Jüngerschaft steht immer eine Begegnung mit ihm.

Christliches Leben ist ohne eine Beziehung zu Jesus Christus nicht zu denken. Wer nur zur Kirche wie zu einem Verein gehört, in den er schon als Säugling aufgenommen wurde, ansonsten aber mit Jesus und seinem Evangelium nicht viel zu tun haben will, verfehlt seinen Glauben. Dementsprechend ist es wichtig, der eigenen Berufung zum christlichen Leben auf die Spur zu kommen. Wie sieht sie aus, meine individuelle Nachfolge als Jünger Jesu im Glauben an Gott? Ohne diese Überlegung kann sich kein lebendiger Glaube entwickeln. Im Kapitel über die *spiritual journey*, den eigenen geistlichen Weg, habe ich dargestellt, wie stark dieser Frage in amerikanischen Gemeinden nachgegangen wird. In Frankreich lag der Akzent auf dem bewussten Annehmen der eigenen Taufe. Gerade für das gemeinsame Engagement von Laien und Priestern wurde hier immer wieder betont: am Anfang steht der Ruf zur Jüngerschaft Jesu und der gilt allen in gleicher Weise. Christliches Handeln ist durch die Taufe sakramental grundgelegt. Für ein lebendiges Christsein ist es sehr wichtig, eine eigene Antwort auf den Ruf zur Jüngerschaft zu finden. Diese Antwort steht natürlich im persönlichen Kontext, der sich naturgemäß vom Zusammenhang der biblischen Erzählung unterscheidet.
In der Folge dieser Berufung stellt sich die Frage, was die Selbstbezeichnung als Jünger ausdrückt. Im Englischen wie im Französischen hat das Wort *„disciple"* noch stärker die Bedeutung von „Schüler". Wer sich als Schüler bezeichnet, der sagt von sich, dass er ein Lernender ist. Jünger zu sein, heißt also, dass ich von meinem Lehrer Jesus Christus lerne und nach seiner Weisung mein Leben und Glauben ausrichte. In Bezug auf die Bedeutung von *role models* ist es für Christen klar: Jesus ist unser *role model*, unser Urbild für ein Leben als Christen. In den amerikanischen Überlegungen über die Führungsrolle von Priestern, den Leadership Gedanken, wurde das im-

mer wieder als zentraler Punkt hervorgehoben. Jesus ist das Modell für Leitung und Führung von Menschen. Es geht also nicht nur darum etwas über Jesus zu lernen, sondern von ihm. Wenn ich mich als Jünger Jesu bezeichne, sehe ich mich als jemand, der von ihm im Glauben lernt und zwar nicht nur als Kind oder junger Mensch. Jüngerschaft ist ein lebenslanger Prozess des Lernens von Jesus. Wer meint, er sei damit fertig, ist kein Jünger mehr. Immer wieder ist die neue Ausrichtung an Jesus und seinem Evangelium nötig, durch alle Altersphasen des Lebens hindurch. Deswegen sind die Schriftlesung, das Hören auf das Evangelium in der Liturgie und der Austausch über die Bibel so wichtig für das geistliche Wachstum.

Das Selbstverständnis der Gläubigen als Jünger ist wesentlich für das Leben in der Kirche. Der Ruf zur Begegnung mit Jesus ist die zentrale Einladung. In der Begleitung von Menschen geht es also nicht primär darum, sie in die Kirche zu holen, sondern es kommt darauf an, sie mit der Person Jesu bekanntzumachen und Gottes Liebe zu entdecken. Als Menschen, die selbst Jünger Jesu sind, eröffnen wir Räume, um die Begegnung mit ihm zu ermöglichen und den lebenslangen Lernprozess im Glauben zu begleiten.

2. Lebe Gemeinschaft in der Jüngerschaft!

Die individuelle Berufung als Jünger Jesu ist der Anfang des christlichen Weges. Dieser Ausgangspunkt kann immer wieder ins Bewusstsein gerufen werden, um seinen eigenen geistlichen Weg weiterzugehen. Häufig kommt aber dann der Hinweis, dass man diesen Weg auch allein im Glauben gehen kann. Wieso brauche ich die Anderen, um Jünger Jesu zu sein? Wozu brauche ich die Kirche? Prof. Anthony Gittins aus Chicago schreibt

dazu Folgendes: „Als Individuen beim Namen gerufen zu sein, heißt nicht, als Individualisten, als einsame Wanderer oder Einzelgänger zu leben. Christliche Jüngerschaft muss von Individuen konkret und als Teil von Glaubensgemeinschaften gelebt werden; sei es in der Familie, einer Pfarrei, einer religiösen Gemeinschaft oder eine Kombination davon. Konsequent gesehen, hat jeder einzelne Jünger eine doppelte Pflicht: die eigene persönliche Verantwortung zu kennen und zu erkennen, wie man zum Aufbau christlicher Gemeinschaft beitragen kann (koinonia)" (The Way of Discipleship S. 37).
Dieser Gemeinschaftsgedanke ist also fester Bestandteil des christlichen Lebens, weil Jesus selbst Menschen in eine neue Gemeinschaft gerufen hat, deren Mitte er selbst war. Christliches Leben heißt demnach auch, eine Gemeinschaft aufzubauen und zu pflegen, die um den Herrn in ihrer Mitte weiß. Sakramental feiern wir das in der Eucharistie, aber letztendlich überall, wo echte Gemeinschaft im Geiste Jesu, in Liebe und Solidarität gelebt wird. Die Gedanken in den Kapiteln über die örtlichen Gemeinden oder auch über die Pastoral am Tisch haben das schon durchscheinen lassen. *Small Faith Groups*, also kleine Gruppen, die Austausch über den Glauben ermöglichen sind weitere Beispiele dafür. Auch Gruppen, die nicht explizit den Glauben thematisieren, wie Chöre, Musikgruppen, Kindergruppen oder Seniorenkreise, die aber Gemeinschaft im Geiste Jesu leben wollen, geben Zeugnis von Christus. Die Kirche sollte Raum für diese Art der Gemeinschaft geben, die etwas von der Gegenwart Jesu erfahren lässt, wo Menschen in seinem Namen zusammenkommen. Das, was ich im Kapitel über die Willkommenskultur geschrieben habe, hat hier seinen geistlichen Grund.

3. Wirke mit an der Mission Gottes!

Im päpstlichen Schreiben Evangelii Gaudium wird das Wort der Jüngerschaft in Verbindung mit dem Attribut „missionarisch" gesehen.

Ich möchte jetzt keine Abhandlung über den Missionsbegriff an sich halten, aber zeigen, wie vor allem im Erzbistum Chicago der Gedanke des missionarischen Wirkens umgesetzt wurde. Der Kerngedanke ist, dass Jünger Jesu nicht eine geschlossene Gesellschaft sein wollen, sondern gesandt sind, in der Welt zu wirken und sie positiv zu verändern. Christen wirken nach außen, um die Welt durch Glaube, Hoffnung und Liebe zu transformieren. Dazu braucht es persönlichen Einsatz. Hier ist der *stewardship*-Gedanke verwurzelt. Mit den persönlichen Talenten und Möglichkeiten bringe ich mich aktiv an irgendeiner Stelle für Jesus Christus ein. Der Einsatz für Hilfsbedürftige und Menschen am Rande der Gesellschaft, das ganze diakonische Engagement von Christen sind Ausdruck missionarischen Handelns. In Bezug auf das Verhältnis von Kirche und Mission ist mir persönlich dabei ein Satz sehr wichtig geworden, den ich immer wieder gehört habe: „ Not the church has a mission, but the mission has a church" – Nicht die Kirche hat eine Mission, sondern die Mission hat eine Kirche. Die Kirche hat nicht aus sich heraus eine Sendung, sie ist Teil der Mission Gottes, die Schöpfung und Leben heißt. Die Kirche ist mit anderen, die sich für das Leben einsetzen, Teil und Werkzeug dieser Lebensbewegung Gottes. Für das Selbstverständnis der Christen und für das Zusammenwirken mit Anders- oder Nicht-Gläubigen halte ich diesen Ansatz für wegweisend. Konkret habe ich das erlebt in den politischen Stellungnahmen von Kardinal Blase Cupich. Während meines Aufenthalts hat er seine Stimme erhoben, als Präsident Donald Trump den Erlass gegen Einreise von Menschen aus sieben muslimischen

Ländern – auch von Flüchtlingen – unterzeichnet hat. Die Stimme der Kirche für eine Aufnahme hilfesuchender Menschen, unabhängig von ihrer Religion und Herkunft, wurde stark beachtet. Die zweite Stellungnahme betraf Gesetze, die in Illinois beschlossen werden sollten und dazu führten, dass Abtreibungen zu jedem Zeitpunkt und ohne Angabe von Gründen aus Steuermitteln mitfinanziert würden und somit jeder Steuerzahler automatisch die Tötung ungeborener Kinder unterstützte. Auch hier ging es um den Einsatz für eine Gesellschaft, die Leben schützt und nicht verhindert. Die Kirche zeigte sich in beiden Themen als Werkzeug der Mission Gottes für das Leben.

Abschließend möchte ich zu diesem Thema ein Dokument aus dem diözesanen Prozess „Renew My Church" in Chicago in der Übersetzung wiedergeben. Es inspiriert mich noch immer sehr! Hier wurde sieben Zeichen zusammengestellt, die Indikatoren sind für eine lebendige Mission der Gemeinden. Ich finde, dass diese Liste der „Seven Signs of Mission Vitality" in guter Weise ausdrückt, was es konkret heißen kann, als missionarische Jünger in der Kirche zu leben. Das Dokument kann auf der Homepage des Erzbistums Chicago im Original gelesen werden (www.archchicago.org/renew).

1. Wir bringen Menschen zu Christus: Die Pfarrei bemüht sich darum, ihre Mitglieder zu evangelisieren, damit sie vollständiger als bewusste Jünger leben können. Diese bewussten Jünger der Pfarrei evangelisieren ihrerseits beständig Andere, indem sie diese mit der Gegenwart der Kirche und der Barmherzigkeit Christi mitten in ihrer Nachbarschaft bekannt machen.

2. Wir unterstützen einander darin, Christus tiefer kennen zu lernen: Die Pfarrei ermöglicht einen lebenslangen

Bildungsprozess, um den Glauben und die Beziehung zu Christus zu vertiefen, indem sie unaufhörlich die kirchliche Lehre und ihre Tradition Gemeindemitgliedern aller Altersgruppen nahebringt.

3. Wir begegnen Christus und erhalten Nahrung in Gebet und Gottesdienst: Die Pfarrei entwickelt bewusst eine Kultur und Tradition des Gebets, der Frömmigkeit und der gut vorbereiteten Liturgie mit der Eucharistie als „Quelle und Gipfel".

4. Wir bilden Verbindungen untereinander, um unser Leben in Christus zu erhalten: Die Pfarrei stellt eine echte katholische Gemeinde dar, die sich ihrer Solidarität in Christus mit der ganzen Kirche von Chicago und der Weltkirche bewusst ist. Sie ist inklusiv und harmonisch, sie respektiert und wertschätzt die Vielfalt in all ihren Formen als einen Vorzug für Gottesdienst und das gemeinschaftliche Lebens.

5. Wir verwandeln das Leben der Anderen durch den Dienst als missionarische Jünger: Die Pfarrei bereitet die Gemeindemitglieder vor und sendet sie als missionarische Jünger in die Welt, damit sie die Gesellschaft mit der Freude und der Wahrheit des Evangeliums verwandeln. Die Pfarrei ist ein Leuchtfeuer des Glaubens und ein Anwalt für Gerechtigkeit und Frieden. Sie streckt sich in Liebe aus zu den Hilfsbedürftigen, zu den Menschen am Rand der Gesellschaft oder zu jeden, die in Furcht und Einsamkeit leben.

6. Wir antworten auf den Weg zur Heiligkeit, in dem wir gemeinsam mit Christus unterwegs sind: Die Pfarrei begleitet die Getauften auf ihrer Lebensreise, damit sie sich mehr auf Christus ausrichten, der Sünde widerstehen, barmherzig werden, beständig darauf achten, eine reife,

gut integrierte, erwachsene Spiritualität zu entwickeln und sich für tätige Nächstenliebe, Frieden, Gebet und Tugenden zu engagieren.

7. Wir übernehmen Verantwortung für die Verwaltung und Führung einer Pfarrei als gute Verwalter (*stewards*) der Gaben, die Christus uns anvertraut hat: Die Pfarrei gedeiht unter der visionären Führung eines Pfarrers, der in Zusammenarbeit mit seinen Mitbrüdern, dem Pastoralteam und den Laien dafür Sorge trägt, dass die Sendung (Mission) der Pfarrei als Ergebnis einer richtigen Verwaltung voll erblühen kann. Die Pfarrei fördert eine Kultur des *stewardship* und eine Spiritualität der Dankbarkeit, die die Gemeindemitglieder anregt, großzügig die Gaben zu teilen, die Christus ihnen anvertraut hat und die Sendung (Mission) der Kirche durch die Pfarrei, die Erzdiözese und die Weltkirche zu unterstützen.

Diese sieben Punkte aus dem diözesanen Prozess in Chicago, bei dem es auch darum geht, das Leben der Kirche zu erneuern und zu verlebendigen, zeigen gut, wo der Schwerpunkt des christlichen Engagements gesehen wird. Manche dieser Inspirationen können die pastoralen Prozesse in unseren Pfarreien, Pastoralverbünden und Diözesen sicher bereichern und uns ermutigen, an unserem Ort als Jünger in der Sendung Christi zu leben und zu wirken.

Abschließende Gedanken

„Die Männer zogen hinauf und erkundeten das Land von der Wüste Zin bis Rehob. ... Von dort kamen sie in das Traubental. Dort schnitten sie eine Rebe mit einer Weintraube ab und trugen sie zu zweit auf einer Stange, dazu auch einige Granatäpfel und Feigen" (Num 13,21.23).

Das biblische Bild der mit Früchten zurückkehrenden Kundschafter war Leitbild meines Kundschafterjahres. Einige der aus den USA und Frankreich mitgebrachten Früchte habe ich in diesem Buch zusammengetragen. Es ist ein vielfältiger, bunter Früchtekorb geworden und ich hoffe, Sie haben beim Lesen daran Geschmack gefunden. Bei den Kundschaftern der Bibel gilt es aber nicht zu verschweigen, dass nur die eine Hälfte große Trauben, Feigen und Granatäpfel aus der Fremde mitgebracht hat. Einige der ausgesandten Männer berichteten auch von Riesen, die dort leben und bedrohlich seien. Übersetzt heißt das, es gibt immer gleichzeitig positive, anregende und anziehende Erfahrungen – und natürlich auch die Schattenseiten, das Abgründige oder Abschreckende, wenn man sich auf den Weg in die Fremde macht. Weil ich länger in beiden Ländern war, habe ich beides gesehen und nicht nur die Schokoladenseite, die man Touristen und Kurzbesuchern gerne zeigt. Es ist gut, Beides wahrzunehmen, denn es bewahrt einen davor, das Fremde zu glorifizieren. Überall existiert eine vermischte Wirklichkeit von Licht und Schatten, auch in der Kirche der beiden Diözesen Chicago und Poitiers. Ich denke, das ist in den Berichten angeklungen. Trotzdem war es meine Entscheidung, mehr auf die Trauben als auf die Riesen zu schauen, das heißt, mehr das Ermutigende und Inspirierende zu erzählen als die Probleme und Schwachpunkte. Ich bin überzeugt, dass es mehr dem Leben dient, wenn

wir uns von guten Beispielen ziehen lassen, als ständig über das Misslingende zu klagen. Vielleicht habe ich da eine amerikanische Seite in mir, die eher positiv verstärkt und zupackt. All denen, die ihren eigenen Weg als Jüngerinnen und Jünger Jesu im Leben gehen, wünsche ich viel Freude dabei. Vielleicht gelingt es auch, die eine oder andere Anregung in die Tat umzusetzen, selbst wenn wir Deutschen lieber erst lange denken, bevor wir etwas tun. Wer doch lieber noch seine Gedanken vertiefen will, für den habe ich am Schluss noch ein paar Literaturhinweise, die manche der hier angesprochenen Themen noch vertiefen oder von anderer Seite her beleuchten.
In Amerika geht man oft auseinander mit einem einfachen „God bless you!" Gott, segne dich! Deswegen möchte ich an den Schluss dieses Buches ein Gebet setzen, das ich bei einem adventlichen Einkehrabend zum Thema „Freude und Dankbarkeit" in St. Benedict bekommen habe. Es steht seitdem auf meinem Schreibtisch und ist mir Begleiter bei meiner eigenen täglichen *spiritual journey*. In der Haltung dieses Gebets kann jeder immer wieder als Kundschafter für das Leben losziehen. Dazu muss man nicht notwendigerweise in die Ferne ziehen. Manchmal liegt das Unbekannte und Fremde auch sehr nah.

Gracious God,

Thank you for the gift of today.
Refresh me ... invite me ... to discover Your Presence in
each person that I meet and every event encountered.

Teach me when to speak and when to listen;
when to ponder and when to share.

In moments of challenge and decision attune my heart
to the whispering of Your Wisdom.
As I undertake ordinary and unnoticed tasks,
gift me with simple joy.
When the day goes well, may I rejoice!
When it grows difficult,
surprise me with new possibilities.
When life is overwhelming
call me to Sabbath Moments
to restore Your Peace and Harmony.

May my living today reveal your Godness.

Pat Bergen, CSJ

Gütiger Gott,

Danke für die Gabe dieses Tages.
Erfrische mich!
Lade mich ein, Deine Gegenwart in jeder Person,
die ich treffe und jedem Ereignis,
das mir begegnet, zu entdecken.

Lehre mich,
wann ich sprechen und wann ich hören soll;
wann ich nachdenken und wann ich mich mitteilen soll.

In Momenten der Herausforderung und Entscheidung
stelle mein Herz auf das Flüstern Deiner Weisheit ein.
Wenn ich gewöhnliche und unbemerkte Dinge tue,
schenke mir einfache Freude.
Wenn der Tag gut läuft, lass mich froh sein!
Wenn er sich schwierig entwickelt,
überrasche mich mit neuen Möglichkeiten.
Wenn das Leben überwältigend ist,
dann schenke mir Momente des Innehaltens,
um Deinen Frieden
und Deine Harmonie wiederherzustellen.

Möge mein Leben heute Deine Güte offenbaren.

Danksagung

Natürlich möchte ich es nicht unterlassen, hier auch noch ein paar ausdrückliche Worte des tief empfundenen Dankes auszusprechen.
Zunächst danke ich Erzbischof Hans-Josef Becker und allen Verantwortlichen in der Erzdiözese Paderborn dafür, dass sie mir dieses Kundschafterjahr im Rahmen des diözesanen Prozesses „Zukunftsbild für das Erzbistum Paderborn" ermöglicht haben. Auch der Erzbischof ist mit diesem Pilotprojekt ein Wagnis eingegangen, das sich hoffentlich auch für ihn und die Diözese gelohnt hat.
Dann danke ich meinen beiden Gastpfarreien St. Benedict in Chicago und St-Jacques-en-Gâtine in Parthenay/Poitiers mit ihren Pfarrern Father Jason Malave und Père Gérard Mouchard. Die herzliche Aufnahme, die Bereitschaft, mich hinter die Kulissen schauen zu lassen, die Möglichkeit, das Leben der Pfarreien zu teilen und das mitbrüderliche Zusammensein waren ein große Freude und die echte Erfahrung tiefer Verbundenheit in der Kirche. Hier beziehe ich ausdrücklich alle Frauen und Männer mit ein, die in den Pastoralteams und den Gemeinden wirken, die mir für Interviews zur Verfügung standen und so von ihrem Arbeiten und Leben als Jüngerinnen und Jünger Jesu Zeugnis gegeben haben.
Ein Dank auch an alle, die in der Vorbereitung viele Kontakte in die USA und nach Frankreich geknüpft haben. Dabei erwähne ich besonders das Team von CrossingOver an der Theologischen Fakultät der Ruhr-Universität Bochum, damals noch unter der Leitung von Dr. Andreas Henkelmann und auf amerikanischer Seite von Father Bob Heidenreich. Für die französischen Vermittlungen danke ich besonders Generalvikar Jean-Paul Russeil und Père André Talbot von der Erzdiözese Poitiers.
Zuletzt danke ich allen, die auch während meiner Kund-

schafterzeit mich mit ihrem Interesse und Gebet begleitet haben. Viele von ihnen haben mich ermutigt, dieses Buch zu schreiben. Claudia Auffenberg vom Bonifatius-Verlag danke für die positive Unterstützung bei der Erstellung.
Im Tiefsten gilt mein Dank Gott, der in mich die Sehnsucht gepflanzt hat, seine liebende Gegenwart und seine Spuren des Lebens in der Welt immer wieder neu zu suchen und mir die Freude schenkt, sie zu entdecken.

Literaturhinweise:

Feiter, Reinhard/ Müller, Hadwig (Hg.); Was wird jetzt aus uns Herr Bischof? Ermutigende Erfahrungen der Gemeindebildung in Poitiers; 2012, Schwabenverlag Ostfildern.

Gittins, Anthony J.; The Way of Discipleship, 2016, Liturgical Press, Collegeville.

Müller, Hadwig/ Feiter, Reinhard (Hg.); Frei geben – Pastoraltheologische Impulse aus Frankreich; 2012, Grünewald Ostfildern.

Sellmann, Matthias; Katholische Kirche in den USA: Was wir von ihr lernen können; 2011, Herder Freiburg.

White, Michael/ Corcoran, Tom; Rebuilt; Gläubige aufrütteln, Verlorengegangene erreichen, Kirche eine Bedeutung geben; 2016, Graz.

Wintzer, Pascal; Message des évêques de la Province de Poiters aux prêtres de nos diocèses, 2017 Poitiers.
Link zum Text: http://www.poitiers.catholique.fr/wp-content/uploads/sites/10/2017/04/message-des-eveques-aux-pretres.pdf

Apostolisches Schreiben EVANGELII GAUDIUM des Heiligen Vaters Papst Franziskus; Sekretariat der Dt. Bischofskonferenz Verlautbarungen des Apostolischen Stuhls 194, 2013, Bonn.